[Wissen für die Praxis]

Weiterführend empfehlen wir:

Stellenbeschreibung für den öffentlichen und kirchlichen Dienst
ISBN 978-3-8029-1605-2

Eingruppierung TVöD-Bund in der Praxis
ISBN 978-3-8029-1519-2

Eingruppierung TV-L in der Praxis
ISBN 978-3-8029-1521-5

Eingruppierung TVöD-VKA in der Praxis
ISBN 978-3-8029-1518-5

Kommunaler Sozial- und Erziehungsdienst
ISBN 978-3-8029-1564-2

Das gesamte Eingruppierungsrecht
ISBN 978-3-8029-7999-6

Wir freuen uns über Ihr Interesse an diesem Buch. Gerne stellen wir Ihnen zusätzliche Informationen zu diesem Programmsegment zur Verfügung.

Bitte sprechen Sie uns an:

E-Mail: WALHALLA@WALHALLA.de
www.WALHALLA.de

Walhalla u. Praetoria Verlag GmbH & Co. KG, Haus an der Eisernen Brücke,
93042 Regensburg, Telefon: 0941 5684-0 Telefax 0941 5684-111

WALHALLA

Annett Gamisch · Thomas Mohr

Grundlagen der Eingruppierung TVöD und TV-L

Das aktuelle Eingruppierungsrecht im öffentlichen Dienst

9., aktualisierte Auflage

Bibliografische Information der Deutschen Nationalbibliothek
Die Deutsche Nationalbibliothek verzeichnet diese Publikation in der Deutschen Nationalbibliografie; detaillierte bibliografische Daten sind im Internet über www.dnb.de abrufbar.

Zitiervorschlag:
Annett Gamisch, Thomas Mohr, Grundlagen der Eingruppierung TVöD und TV-L
Walhalla Fachverlag, Regensburg 2025

Walhalla
Mediengruppe
WALHALLA – eine Marke der Walhalla Mediengruppe

9., aktualisierte Auflage
Rechtsstand: März 2025

Kontakt bei Fragen zur Produktsicherheit:
Walhalla u. Praetoria Verlag GmbH & Co. KG, Haus an der Eisernen Brücke,
93042 Regensburg, E-Mail: produktsicherheit@walhalla.de, Telefon: 0941 5684-0

Produktion: Walhalla Mediengruppe, Regensburg
Umschlaggestaltung: Gruber Graphik, Augsburg
Printed in Germany
ISBN 978-3-8029-1607-6

Zur Walhalla Mediengruppe gehören die Marken WALHALLA, Deichmann+Fuchs, metropolitan und Annual Multimedia Award.

Schnellübersicht

Das neue alte Tarifrecht 7

Abkürzungen 9

Das Eingruppierungsrecht des öffentlichen Dienstes 13 1

Die Bewertung der Arbeit 23 2

Der Arbeitsvorgang 35 3

Vom Maß der Zeit: Zeitanteile 81 4

Zusammenfassende Betrachtung und Mischtätigkeiten 93 5

Der Weg zur Eingruppierung 99 6

Die Mitbestimmung der Arbeitnehmervertretung 113 7

Arbeitshilfen 127 8

Literaturverzeichnis 133 9

Stichwortverzeichnis 135 10

Das neue alte Tarifrecht

Der TV-L ging vorweg und der TVöD zog nach.

Die Entgeltordnungen des TV-L bzw. TVöD sind keine Revolution, sondern stellen eine hier und da korrigierte Fortschreibung des alten Rechts dar. Neben alte und gestraffte Tätigkeitsmerkmale treten neue, unbestimmte Rechtsbegriffe.

Für alle diese Tarife gilt: Die Grundlagen der Eingruppierung müssen gelegt werden!

Ohne das sichere Fundament von Stellenbeschreibung, Arbeitsvorgang, Zeitanteil und der Bestimmung der vorzuhaltenden Fachkenntnisse kann nicht sicher eingruppiert werden. Jede Beschäftigung mit den Tätigkeitsmerkmalen des TVöD und TV-L setzt voraus, dass die Bewertungsgrundlage sicher erfasst worden ist.

Doch gerade die aktuelle Diskussion um den Arbeitsvorgang im Zentrum der Eingruppierung zeigt, wie wichtig und folgenreich die tarifkonforme Auseinandersetzung mit den Grundlagen der Bewertung ist. So löste die Rechtsprechung des Bundesarbeitsgerichts (BAG 28.02.2018, 4 AZR 816/16, AP Nr. 47 zu §§ 22, 23 BAT-O) zur Bildung von Arbeitsvorgängen für Beschäftigte bei Gerichten und Staatsanwaltschaften nicht nur etliche weitere Klagen aus (siehe z. B. LAG Hamm 21.04.2021, 3 Sa 653/20; LAG Berlin-Brandenburg 03.06.2020, 17 Sa 62/20, ZTR 2020, S. 467 ff.; BAG 09.09.2020, 4 AZR 195/20, AP Nr. 6 zu § 12 TV-L), sondern auch eine Verfassungsbeschwerde, die aber nicht zur Entscheidung angenommen wurde (BVerfG 04.10.2022, 1 BvR 382/21, ZTR 2023, S. 28 f.). Auch eine Neufassung des § 12 TV-L war in Diskussion (Tarifeinigung vom 02.03.2019; Aufsätze dazu in der ZTR von Natter und Sänger: ZTR 2019, S. 475 ff., ZTR 2021, S. 51 ff.). Man darf also gespannt sein, ob und wie sich die Tarifvertragsparteien bei dieser wichtigen Grundsatzfrage einigen (können).

Dieser Fachratgeber erklärt die Ausgangslage und skizziert das aktuelle Eingruppierungsrecht im öffentlichen Dienst. Den Leserinnen und Lesern möchten wir den erfolgreichen Einstieg in das Thema Eingruppierung ermöglichen, um sich fundiert an anderer Stelle mit den Tätigkeitsmerkmalen der jeweiligen Entgeltordnungen des TVöD-VKA, TVöD-Bund bzw. TV-L im Detail befassen zu können.

Ausschließlich im Interesse der Lesefreundlichkeit verwenden wir deshalb die männliche Sprachform.

Annett Gamisch *Thomas Mohr*

Abkürzungen

a. a. O.	am angegebenen Ort
Abs.	Absatz
AP	Arbeitsrechtliche Praxis, Nachschlagewerk des Bundesarbeitsgerichts (Zeitschrift)
ArbG	Arbeitsgericht
ArbPlSchG	Arbeitsplatzschutzgesetz
ArbZG	Arbeitszeitgesetz
AuA	Arbeit und Arbeitsrecht (Zeitschrift)
AVO.Freiburg	Arbeitsvertragsordnung für den kirchlichen Dienst in der Erzdiözese Freiburg
AVR.Caritas	Richtlinien für Arbeitsverträge in den Einrichtungen des Deutschen Caritasverbandes
AVR.Diakonie	Arbeitsvertragsrichtlinien des Diakonischen Werkes in Deutschland
BAG	Bundesarbeitsgericht
BAT(-O)	Bundes-Angestelltentarifvertrag (Ost)
BB	Betriebs-Berater (Zeitschrift)
BBiG	Berufsbildungsgesetz
BEEG	Bundeselterngeld- und Elternzeitgesetz
BetrVG	Betriebsverfassungsgesetz
BGB	Bürgerliches Gesetzbuch
BMI	Bundesministerium des Innern
BMT-G II	Bundesmanteltarifvertrag für Arbeiter gemeindlicher Verwaltungen und Betriebe
BPersVG	Bundespersonalvertretungsgesetz
BT-K	Besonderer Teil Krankenhäuser
BurlG	Bundesurlaubsgesetz
BVerwG	Bundesverwaltungsgericht
ca.	circa
EG	Entgeltgruppe
etc.	et cetera
EtzBAT	Entscheidungssammlung zum BAT
f., ff.	folgende
FallGr./FG	Fallgruppe
Fn.	Fußnote
GewO	Gewerbeordnung
ggf.	gegebenenfalls
ggü.	gegenüber
Hess. LAG	Hessisches Landesarbeitsgericht

Hess. VGH	Hessischer Verwaltungsgerichtshof
HPVG	Hessisches Personalvertretungsgesetz
i. V. m.	in Verbindung mit
JArbSchG	Jugendarbeitsschutzgesetz
KAVO.NRW	Kirchliche Arbeits- und Vergütungsordnung für die (Erz-)Bistümer Aachen, Essen, Köln, Münster (nordrhein-westfälischer Teil) und Paderborn
KSchG	Kündigungsschutzgesetz
LAG	Landesarbeitsgericht
LAG BW	Landesarbeitsgericht BW
LAG Rh-Pf	Landesarbeitsgericht Rheinland-Pfalz
LPVG BW	Landespersonalvertretungsgesetz Baden-Württemberg
LPVG NRW/NW	Personalvertretungsgesetz für das Land Nordrhein-Westfalen
MAVO	Mitarbeitervertretungsordnung
MTArb	Manteltarifvertrag für Arbeiterinnen und Arbeiter des Bundes und der Länder
MuSchG	Mutterschutzgesetz
MVG.EKD	Kirchengesetz über Mitarbeitervertretungen in der Evangelischen Kirche in Deutschland
m. w. N.	mit weiteren Nachweisen
NachwG	Nachweisgesetz
Nds. OVG	Oberverwaltungsgericht Niedersachsen
NPersVG	Niedersächsisches Personalvertretungsgesetz
Nr./Nrn.	Nummer/n
NZA	Neue Zeitschrift für Arbeitsrecht (Zeitschrift)
NZA-RR	Neue Zeitschrift für Arbeitsrecht – Rechtsprechungsreport (Zeitschrift)
[O]	Orientierungssatz
o. g.	oben genannt
OVG	Oberverwaltungsgericht
OVG Rh-Pf	Oberverwaltungsgericht Rheinland-Pfalz
p. a.	per anno (pro Jahr)
PersR	Der Personalrat (Zeitschrift)
PersV	Die Personalvertretung (Zeitschrift)
Rn.	Randnummer
RiA	Recht im Amt (Zeitschrift)
rkr.	rechtskräftig
S.	Seite
SächsPersVG	Sächsisches Personalvertretungsgesetz

SGB VIII	Sozialgesetzbuch – Achtes Buch
sog.	sogenannt
StVZO	Straßenverkehrs-Zulassungs-Ordnung
Thür. LAG	Thüringisches Landesarbeitsgericht
TV-Ärzte	Tarifvertrag für Ärztinnen und Ärzte an Universitätskliniken
TV-Ärzte/VKA	Tarifvertrag für Ärztinnen und Ärzte an kommunalen Krankenhäusern im Bereich der Vereinigung der kommunalen Arbeitgeberverbände
TV ATZ	Tarifvertrag zur Regelung der Altersteilzeit
TVG	Tarifvertragsgesetz
TV-H	Tarifvertrag für den öffentlichen Dienst im Land Hessen
TV-L	Tarifvertrag für den öffentlichen Dienst der Länder
TVöD	Tarifvertrag für den öffentlichen Dienst
TVöD-VKA	Tarifvertrag für den öffentlichen Dienst – Vereinigung der kommunalen Arbeitgeberverbände
TVÜ-VKA	Tarifvertrag zur Überleitung der Beschäftigten der kommunalen Arbeitgeber in den TVöD und zur Regelung des Übergangsrechts
TV-V	Tarifvertrag für Versorgungsbetriebe
TV-WW/NW	Tarifvertrag für Arbeitnehmer/innen in der Wasserwirtschaft in Nordrhein-Westfalen
TzBfG	Teilzeit- und Befristungsgesetz
u. Ä.	und Ähnliches
Unterabs.	Unterabsatz
usw.	und so weiter
VergGr./VG	Vergütungsgruppe
VGH	Verwaltungsgerichtshof
VGH BW	Verwaltungsgerichtshof Baden-Württemberg
vgl.	vergleiche
VGO	Vergütungsordnung
VKA	Vereinigung der kommunalen Arbeitgeberverbände
WKRS	Wolters Kluwer Rechtsprechungsdatenbank, Online-Ressource
z. B.	zum Beispiel
zit.	zitiert
ZMV	Die Mitarbeitervertretung (Zeitschrift)
ZPO	Zivilprozessordnung
ZTR	Zeitschrift für Tarifrecht (Zeitschrift)

Das Eingruppierungsrecht des öffentlichen Dienstes

1. Eingruppierung – ein erster Überblick 14
2. Die Kernvorschrift im TVöD-VKA 16
3. Die Kernvorschrift im TV-L 18
4. Die Kernvorschrift im TVöD-Bund 19
5. Die Kernvorschriften im TVöD und TV-L – auf was es ankommt 21
6. Exkurs: Die Kirchen 21

1. Eingruppierung – ein erster Überblick

Eingruppierung ist die Zuordnung eines Beschäftigten aufgrund der von ihm vertragsgemäß auszuübenden Tätigkeit zu einer bestimmten Entgeltgruppe der in der Dienststelle/im Betrieb gelten-
1 den Entgeltordnung (vgl. ständige Rechtsprechung zum BPersVG: BVerwG 22.10.2007, 6 P 1.07; zum BetrVG: BAG 17.11.2021, 7 ABR 43/19, AP Nr. 173 zu § 99 BetrVG 1972). Das Eingruppierungsrecht des öffentlichen Dienstes war in der Vergangenheit recht übersichtlich geregelt: Neben den Eingruppierungsvorschriften für Arbeiter im BMT-G II und MTArb dominierte der Bundes-Angestelltentarifvertrag (BAT). Dieser gliedert sich zwar in zwei Fassungen mit im Detail unterschiedlichen Nummerierungen, dennoch bildeten die Vorschriften des BAT-Bund/Länder und BAT/VKA eine Einheit. Die kirchlichen Tarifwerke übernahmen den BAT mit mehr oder weniger Modifikationen.

Nach der Reform des Tarifrechts bricht diese Einheitlichkeit auseinander: Für die Versorgungswirtschaft gilt der TV-V (vgl. Gamisch/Mohr, EG TV-V) mit vollständig eigenständigen Regelungen, der für die Wasserwirtschaft in NRW durch den TV-WW/NW flankiert wird. Das Eingruppierungsrecht der Ärzte hat sich über die Tarifverträge des Marburger Bundes verselbständigt. Der TV-L hat zum 01.01.2012 eine neue Entgeltordnung in Kraft gesetzt, der TVöD-Bund zum 01.01.2014 und schließlich der TVöD-VKA zum 01.01.2017, die grundsätzlich dem alten System des BAT gleichen, aber vereinzelt eigene Akzente setzen. Die evangelische Kirche hat sich für die Diakonie (in Bayern) ein vollständig eigenständiges Eingruppierungsrecht gegeben, während die katholische Kirche und die Caritas weiterhin dem TVöD folgen.

Wichtig: Diese unterschiedlichen Tarifwerke weisen weiterhin viele Gemeinsamkeiten auf, unterscheiden sich aber zum Teil erheblich im Detail.

Allen Tarifwerken ist gemein, dass die Eingruppierungsregeln unterteilt sind nach allgemeinen Bestimmungen (Grundlagen) und deren Konkretisierung in der Entgeltordnung. Die Grundlagen der Eingruppierung werden in allen Tarifwerken durch eigene Verfahrensvorschriften definiert. Das sind zum Beispiel die §§ 12, 13 im TVöD/TV-L und der § 5 Abs. 1 im TV-V.

Dabei ist zunächst maßgeblich, ob zur Ermittlung der Eingruppierung

- Arbeitsvorgänge zu bilden sind oder
- auf Tätigkeiten abgestellt wird und
- welcher Zeitanteil maßgeblich ist.

Systematik der Eingruppierung im öffentlichen und kirchlichen Dienst

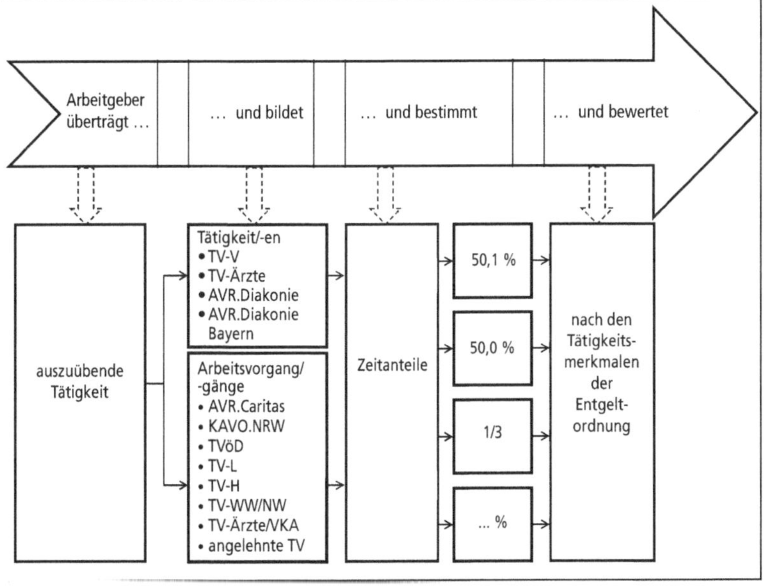

Quelle: IPW – Institut für PersonalWirtschaft GmbH

2. Die Kernvorschrift im TVöD-VKA

Die Grundlagen der Eingruppierung im TVöD-VKA werden durch die §§ 12 und 13 gelegt: Der TVöD-VKA hat mit § 12 im Wesentlichen die Bestimmungen des § 22 BAT-VKA übernommen und redaktionell
1 angepasst:

§ 12 TVöD-VKA – Eingruppierung

(1) Die Eingruppierung der/des Beschäftigten richtet sich nach den Tätigkeitsmerkmalen der Anlage 1 – Entgeltordnung (VKA). Die/Der Beschäftigte erhält Entgelt nach der Entgeltgruppe, in der sie/er **eingruppiert ist**.

(2) [1]Die/Der Beschäftigte ist in der Entgeltgruppe eingruppiert, deren Tätigkeitsmerkmalen die gesamte von ihr/ihm **nicht nur vorübergehend auszuübende Tätigkeit** entspricht. [2]Die gesamte auszuübende Tätigkeit entspricht den Tätigkeitsmerkmalen einer Entgeltgruppe, wenn **zeitlich mindestens zur Hälfte Arbeitsvorgänge** anfallen, die für sich genommen die Anforderungen eines Tätigkeitsmerkmals oder mehrerer Tätigkeitsmerkmale dieser Entgeltgruppe erfüllen. [3]Kann die Erfüllung einer Anforderung in der Regel erst bei der Betrachtung mehrerer Arbeitsvorgänge festgestellt werden (z. B. vielseitige Fachkenntnisse), sind diese Arbeitsvorgänge für die Feststellung, ob diese Anforderung erfüllt ist, insoweit **zusammen zu beurteilen**. [4]Werden in einem Tätigkeitsmerkmal mehrere Anforderungen gestellt, gilt das in Satz 2 bestimmte Maß, ebenfalls bezogen auf die gesamte auszuübende Tätigkeit, für jede Anforderung. [5]Ist in einem Tätigkeitsmerkmal ein von den Sätzen 2 bis 4 abweichendes zeitliches Maß bestimmt, gilt dieses. [6]Ist in einem Tätigkeitsmerkmal als Anforderung eine Voraussetzung in der Person der/des Beschäftigten bestimmt, muss auch diese Anforderung erfüllt sein.

Protokollerklärung zu Absatz 2:

[1]Arbeitsvorgänge sind Arbeitsleistungen (einschließlich Zusammenhangsarbeiten), die, bezogen auf den Aufgabenkreis der/des Beschäftigten, zu einem bei natürlicher Betrachtung abgrenzbaren Arbeitsergebnis führen (z. B. unterschriftsreife Bearbeitung eines Aktenvorgangs, eines Widerspruchs oder eines Antrags, Erstellung eines EKG, Fertigung einer Bauzeichnung, Konstruktion einer Brücke oder eines Brückenteils, Bearbeitung eines Antrags auf eine Sozialleistung, Betreuung einer Person oder Personengruppe, Durchführung einer Unterhaltungs- oder Instandsetzungsarbeit). [2]Jeder einzelne Arbeitsvorgang ist als solcher zu bewerten und darf dabei hinsichtlich der Anforderungen zeitlich nicht aufgespalten werden. [3]Eine Anforderung im Sinne der Sätze 2 und 3 ist auch das in einem Tätigkeitsmerkmal geforderte Herausheben der Tätigkeit aus einer niedrigeren Entgeltgruppe.

(3) Die Entgeltgruppe der/des Beschäftigten ist im Arbeitsvertrag anzugeben.

(Hervorhebungen durch die Verfasser)

Wichtig: Im TVöD-VKA müssen für alle Beschäftigten Arbeitsvorgänge gebildet werden, das heißt auch für in Entgeltgruppe 1 eingruppierte Beschäftigte, aber auch für sog. Arbeitertätigkeiten (vgl. Gamisch/Mohr, EG TVöD-VKA, Kapitel 2.5; Gamisch/Mohr, gEG, IV B.7, S. 1 ff.).

Darüber hinaus regelt § 13 TVöD-VKA:

§ 13 TVöD-VKA – Eingruppierung in besonderen Fällen

(1) [1]Ist der/dem Beschäftigten eine andere, höherwertige Tätigkeit nicht übertragen worden, hat sich aber die ihr/ihm übertragene Tätigkeit (§ 12 [VKA] Abs. 2 Satz 1) nicht nur vorübergehend derart geändert, dass sie den Tätigkeitsmerkmalen einer höheren als ihrer/seiner bisherigen Entgeltgruppe entspricht (§ 12 [VKA] Abs. 2 Sätze 2 bis 6), und hat die/der Beschäftigte die höherwertige Tätigkeit ununterbrochen sechs Monate lang ausgeübt, ist sie/er mit Beginn des darauffolgenden Kalendermonats in der höheren Entgeltgruppe eingruppiert. [2]Für die zurückliegenden sechs Kalendermonate gilt § 14 Abs. 1 sinngemäß.

(2) [1]Ist die Zeit der Ausübung der höherwertigen Tätigkeit durch Urlaub, Arbeitsbefreiung, Arbeitsunfähigkeit, Kur- oder Heilverfahren oder Vorbereitung auf eine Fachprüfung für die Dauer von insgesamt nicht mehr als sechs Wochen unterbrochen worden, wird die Unterbrechungszeit in die Frist von sechs Monaten eingerechnet. [2]Bei einer längeren Unterbrechung oder bei einer Unterbrechung aus anderen Gründen beginnt die Frist nach der Beendigung der Unterbrechung von neuem.

(3) Wird der/dem Beschäftigten vor Ablauf der sechs Monate wieder eine Tätigkeit zugewiesen, die den Tätigkeitsmerkmalen ihrer/seiner bisherigen Entgeltgruppe entspricht, gilt § 14 Abs. 1 sinngemäß.

Mit § 13 TVöD-VKA werden die Regelungen des § 23 BAT fortgeführt.

3. Die Kernvorschrift im TV-L

Auch § 12 TV-L folgt dem Modell des § 22 BAT und beschränkt sich auf redaktionelle Abweichungen.

1 §

§ 12 TV-L

(1) [1]Die Eingruppierung der/des Beschäftigten richtet sich nach den Tätigkeitsmerkmalen der Entgeltordnung (Anlage A). [2]Die/Der Beschäftigte erhält Entgelt nach der Entgeltgruppe, in der sie/er **eingruppiert ist**. [3]Die/Der Beschäftigte ist in der Entgeltgruppe eingruppiert, deren Tätigkeitsmerkmale die gesamte von ihr/ihm **nicht nur vorübergehend auszuübende Tätigkeit** entspricht.[4]Die gesamte auszuübende Tätigkeit entspricht den Tätigkeitsmerkmalen einer Entgeltgruppe, wenn **zeitlich mindestens zur Hälfte Arbeitsvorgänge** anfallen, die für sich genommen die Anforderungen eines Tätigkeitsmerkmals oder mehrerer Tätigkeitsmerkmale dieser Entgeltgruppe erfüllen. [5]Kann die Erfüllung einer Anforderung in der Regel erst bei der Betrachtung mehrerer Arbeitsvorgänge festgestellt werden (z. B. vielseitige Fachkenntnisse), sind diese Arbeitsvorgänge für die Feststellung, ob diese Anforderung erfüllt ist, insoweit **zusammen zu beurteilen.**[6]Werden in einem Tätigkeitsmerkmal mehrere Anforderungen gestellt, gilt das in Satz 4 bestimmte Maß, ebenfalls bezogen auf die gesamte auszuübende Tätigkeit, für jede Anforderung. [7]Ist in einem Tätigkeitsmerkmal ein von Satz 4 oder 6 abweichendes zeitliches Maß bestimmt, gilt dieses. [8]Ist in einem Tätigkeitsmerkmal als Anforderung eine Voraussetzung in der Person der/des Beschäftigten bestimmt, muss auch diese Anforderung erfüllt sein.

(2) Die Entgeltgruppe der/des Beschäftigten ist im Arbeitsvertrag anzugeben.

Protokollerklärung zu Absatz 1:

1. [1]Arbeitsvorgänge sind Arbeitsleistungen (einschließlich Zusammenhangsarbeiten), die, bezogen auf den Aufgabenkreis der/des Beschäftigten, zu einem bei natürlicher Betrachtung abgrenzbaren Arbeitsergebnis führen (z. B. unterschriftsreife Bearbeitung eines Aktenvorgangs, eines Widerspruchs oder eines Antrags, Betreuung bzw. Pflege einer Person oder Personengruppe, Fertigung einer Bauzeichnung, Erstellung eines EKG, Durchführung einer Unterhaltungs- bzw. Instandsetzungsarbeit). [2]Jeder einzelne Arbeitsvorgang ist als solcher zu bewerten und darf dabei hinsichtlich der Anforderungen zeitlich nicht aufgespalten werden.
2. Eine Anforderung im Sinne der Sätze 4 und 5 ist auch das in einem Tätigkeitsmerkmal geforderte Herausheben der Tätigkeit aus einer niedrigeren Entgeltgruppe.

(Hervorhebungen durch die Verfasser)

Wichtig: Im TV-L müssen für alle Beschäftigten Arbeitsvorgänge gebildet werden, das heißt auch für Beschäftigte, die in der Entgeltgruppe 1 TV-L eingruppiert sind, sowie für sog. Arbeitertätigkeiten, deren Eingruppierung sich nach Teil III Anlage A TV-L richtet (vgl. Gamisch/Mohr, EG TV-L, Kapitel 1.1; Gamisch/Mohr, gEG, IV B.7, S. 1 ff.).

§ 13 TV-L – Eingruppierung in besonderen Fällen

[1]Ist der/dem Beschäftigten eine andere, höherwertige Tätigkeit nicht übertragen worden, hat sich aber die ihr/ihm übertragene Tätigkeit (§ 12 Abs. 1 Satz 3) nicht nur vorübergehend derart geändert, dass sie den Tätigkeitsmerkmalen einer höheren als ihrer/seiner bisherigen Entgeltgruppe entspricht (§ 12 Abs. 1 Satz 4 bis 8), und hat die/der Beschäftigte die höherwertige Tätigkeit ununterbrochen sechs Monate lang ausgeübt, ist sie/er mit Beginn des darauffolgenden Kalendermonats in der höheren Entgeltgruppe eingruppiert. [2]Für die zurückliegenden sechs Kalendermonate gilt § 14 sinngemäß. [3]Ist die Zeit der Ausübung der höherwertigen Tätigkeit durch Urlaub, Arbeitsbefreiung, Arbeitsunfähigkeit oder Vorbereitung auf eine Fachprüfung für die Dauer von insgesamt nicht mehr als sechs Wochen unterbrochen worden, wird die Unterbrechungszeit in die Frist von sechs Monaten eingerechnet. [4]Bei einer längeren Unterbrechung oder bei einer Unterbrechung aus anderen Gründen beginnt die Frist nach der Beendigung der Unterbrechung von neuem. [5]Wird der/dem Beschäftigten vor Ablauf der sechs Monate wieder eine Tätigkeit zugewiesen, die den Tätigkeitsmerkmalen ihrer/seiner bisherigen Entgeltgruppe entspricht, gilt § 14 sinngemäß.

4. Die Kernvorschrift im TVöD-Bund

§ 12 TVöD-Bund – Eingruppierung

(1) [1]Die Eingruppierung der/des Beschäftigten richtet sich nach dem Tarifvertrag über die Entgeltordnung des Bundes (TV EntgO Bund). [2]Die/Der Beschäftigte erhält Entgelt nach der Entgeltgruppe, in der sie/er **eingruppiert ist**.

(2) [1]Die/Der Beschäftigte ist in der Entgeltgruppe eingruppiert, deren Tätigkeitsmerkmalen die gesamte von ihr/ihm **nicht nur vorübergehend auszuübende Tätigkeit** entspricht. [2]Die gesamte auszuübende Tätigkeit entspricht den Tätigkeitsmerkmalen einer Entgeltgruppe, wenn **zeitlich mindestens zur Hälfte Arbeitsvorgänge** anfallen, die für sich genommen die Anforderungen eines Tätigkeitsmerkmals oder mehrerer Tätigkeitsmerkmale dieser Entgeltgruppe erfüllen.[3]Kann die Erfüllung einer Anforderung in der Regel erst bei der Betrachtung mehrerer Arbeitsvorgänge festgestellt werden (z. B. vielseitige Fachkenntnisse), sind diese Arbeitsvorgänge für die Feststellung, ob diese Anforderung erfüllt ist, insoweit **zusammen zu beurteilen**. [4]Werden in einem Tätigkeitsmerkmal mehrere

Anforderungen gestellt, gilt das in Satz 2 bestimmte Maß, ebenfalls bezogen auf die gesamte auszuübende Tätigkeit, für jede Anforderung. [5]Ist in einem Tätigkeitsmerkmal ein von Satz 2 oder 4 abweichendes zeitliches Maß bestimmt, gilt dieses. [6]Ist in einem Tätigkeitsmerkmal als Anforderung eine Voraussetzung in der Person der/des Beschäftigten bestimmt, muss auch diese Anforderung erfüllt sein.

Protokollerklärungen zu Absatz 2:

1. [1]Arbeitsvorgänge sind Arbeitsleistungen (einschließlich Zusammenhangsarbeiten), die, bezogen auf den Aufgabenkreis der/des Beschäftigten, zu einem bei natürlicher Betrachtung abgrenzbaren Arbeitsergebnis führen (z. B. unterschriftsreife Bearbeitung eines Aktenvorgangs, eines Widerspruchs oder eines Antrags, Betreuung bzw. Pflege einer Person oder Personengruppe, Fertigung einer Bauzeichnung, Erstellung eines EKG, Durchführung einer Unterhaltungs- bzw. Instandsetzungsarbeit). [2]Jeder einzelne Arbeitsvorgang ist als solcher zu bewerten und darf dabei hinsichtlich der Anforderungen zeitlich nicht aufgespalten werden.
2. Eine Anforderung im Sinne der Sätze 2 und 3 ist auch das in einem Tätigkeitsmerkmal geforderte Herausheben der Tätigkeit aus einer niedrigeren Entgeltgruppe.

(3) Die Entgeltgruppe der/des Beschäftigten ist im Arbeitsvertrag anzugeben.

(Hervorhebungen durch die Verfasser)

Wichtig: Im TVöD-Bund müssen für alle Beschäftigten Arbeitsvorgänge gebildet werden, das heißt auch für in Entgeltgruppe 1 eingruppierte Beschäftigte, aber auch für sog. Arbeitertätigkeiten (vgl. Gamisch/Mohr, EG TVöD-Bund, Kapitel 2.5; Gamisch/Mohr, gEG, IV B.7, S. 1 ff.).

Wie schon im TVöD-VKA und im TV-L so regelt auch § 13 TVöD-Bund die Eingruppierung in besonderen Fällen:

§ 13 TVöD-Bund – Eingruppierung in besonderen Fällen

(1) [1]Ist der/dem Beschäftigten eine andere, höherwertige Tätigkeit nicht übertragen worden, hat sich aber die ihr/ihm übertragene Tätigkeit (§ 12 Abs. 2 Satz 1) nicht nur vorübergehend derart geändert, dass sie den Tätigkeitsmerkmalen einer höheren als ihrer/seiner bisherigen Entgeltgruppe entspricht (§ 12 Abs. 2 Sätze 2 bis 6), und hat die/der Beschäftigte die höherwertige Tätigkeit ununterbrochen sechs Monate lang ausgeübt, ist sie/er mit Beginn des darauffolgenden Kalendermonats in der höheren Entgeltgruppe eingruppiert. [2]Für die zurückliegenden sechs Kalendermonate gilt § 14 sinngemäß.

(2) [1]Ist die Zeit der Ausübung der höherwertigen Tätigkeit durch Urlaub, Arbeitsbefreiung, Arbeitsunfähigkeit, Kur- oder Heilverfahren oder Vor-

bereitung auf eine Fachprüfung für die Dauer von insgesamt nicht mehr als sechs Wochen unterbrochen worden, wird die Unterbrechungszeit in die Frist von sechs Monaten eingerechnet. [2]Bei einer längeren Unterbrechung oder bei einer Unterbrechung aus anderen Gründen beginnt die Frist nach der Beendigung der Unterbrechung von neuem.

(3) Wird der/dem Beschäftigten vor Ablauf der sechs Monate wieder eine Tätigkeit zugewiesen, die den Tätigkeitsmerkmalen ihrer/seiner bisherigen Entgeltgruppe entspricht, gilt § 14 sinngemäß. 1

5. Die Kernvorschriften im TVöD und TV-L – auf was es ankommt

Die §§ 12 regeln im TVöD und TV-L wie eingruppiert wird. Das Verfahren der Eingruppierungsfeststellung wird damit durch die §§ 12 TVöD/TV-L geprägt. Vergleicht man diese tariflichen Regelungen (siehe auch jeweils die obigen Hervorhebungen der Verfasser), wird deutlich, dass es für alle auf diese Grundsätze ankommt:

- eingruppiert ist
- nicht nur vorübergehende auszuübende Tätigkeit des Beschäftigten
- gegliedert nach Arbeitsvorgängen
- zeitlich mindestens zur Hälfte
- zusammenfassende Betrachtung

Aus den Grundlagen der Eingruppierung wird deutlich, dass es bei der Eingruppierung zunächst auf die Tätigkeit des Beschäftigten ankommt.

„Wo" der Beschäftigte dann konkret eingruppiert ist, folgt aus der jeweiligen Entgeltordnung.

6. Exkurs: Die Kirchen

Die kirchlichen Tarife folgen entweder (noch) dem BAT (z. B. AVR. Caritas, KAVO.NRW, KAVO.Trier, AVO.Freiburg) oder treffen eigenständige Regelungen (AVR.Diakonie, AVR.Diakonie Bayern), die keine Parallelen mit dem BAT aufweisen.

Die Bewertung der Arbeit

1. Grundlagen der Bewertung 24
2. Summarische/Analytische Bewertung 28
3. Unerheblich für die Eingruppierung 32
4. Die Ausbildung als subjektives Merkmal 32
5. Über- und Unterstellungsverhältnisse 33

1. Grundlagen der Bewertung

Die Eingruppierung eines Beschäftigten richtet sich nach seiner vertragsgemäß auszuübenden Tätigkeit (vgl. BAG 24.09.2015, 2 AZR 680/14, AP Nr. 165 zu § 2 KSchG 1969, ZTR 2016, S. 275 ff.). Es geht also um die Frage, welche Wertigkeit die Tätigkeit des Beschäftigten im vorgegebenen Eingruppierungssystem (§§ 12, 13 und Entgeltordnungen) hat. Aus betriebswirtschaftlicher Sicht ist sie damit
2 nichts anderes als ein mögliches Verfahren der Arbeitsbewertung.

Für die Bewertung der Arbeit und die Ermittlung der Eingruppierung ist gemäß § 12 TV-L/TVöD zunächst der sogenannte Grundsatz der Tarifautomatik zu beachten: Der Mitarbeiter „wird" nicht, vielmehr „ist" er in die Entgeltgruppe „eingruppiert", deren Tätigkeitsmale erfüllt werden. Es erfolgt somit kein vom Arbeitgeber zu gestaltender „Eingruppierungsakt", sondern eine „automatische" Eingruppierung. Die Feststellung, welche Tätigkeitsmerkmale erfüllt werden, ist ein „Akt der Rechtsanwendung". Mit der Eintragung der Entgeltgruppe im Arbeitsvertrag dokumentiert der Arbeitgeber dieses Anwendungsergebnis (siehe auch § 12 Abs. 2 TV-L bzw. § 12 Abs. 3 TVöD). Damit äußert der Arbeitgeber seine Rechtsansicht (zur Tarifautomatik siehe z. B. BAG 05.07.2023, 4 AZR 289/22, AP Nr. 7 zu § 29a TVÜ m. w. N.; BAG 02.06.2021, 4 AZR 387/20, AP Nr. 7 zu § 12 TV-L).

Nach dem Modell der Tarifautomatik kann es folglich keine falsche Eingruppierung geben; sie ist immer korrekt. Es ist eine andere Frage, ob der Arbeitgeber das tarifgerechte Ergebnis erkannt hat: Objektive Fehler bei der Eingruppierung können deshalb grundsätzlich mit einer sogenannten korrigierenden Herabgruppierung beseitigt werden (nähere Ausführungen dazu siehe z. B. Gamisch/Mohr, gEG, IV B.13.3 m. w. N.).

Neben dem Grundsatz der Tarifautomatik kommt es auf die „nicht nur vorübergehend auszuübende Tätigkeit" an.

Wichtig: Nicht die „ausgeübte" Tätigkeit!

Auszuübende Tätigkeit ist die vom Arbeitgeber übertragene Tätigkeit. Die auszuübende Tätigkeit ergibt sich damit regelmäßig aus dem Arbeitsvertrag. Für die Eingruppierung sind somit allein die Tätigkeiten maßgeblich, die der Arbeitgeber auf Basis des Arbeitsvertrags übertragen und im Rahmen seines Direktionsrechts ggf. weiter konkretisiert hat (vgl. BAG 24.09.2015, 2 AZR 680/14, AP

Nr. 165 zu § 2 KSchG 1969, ZTR 2016, S. 275 ff.; LAG Köln 06.08.2014, 5 Sa 877/13, ZTR 2015, S. 21 f.).

Praxis-Tipp:

Da ein Arbeitnehmer nur mit seiner Zustimmung zum Abfallbeauftragten (hier in einem kommunalen Krankenhaus) bestellt werden kann, scheidet – soweit Entsprechendes nicht bereits im Arbeitsvertrag vorgesehen ist – eine Aufgabenzuweisung im Wege des Direktionsrechts aus. Durch die Bestellung einzelner Arbeitnehmer zu Funktionsbeauftragten im bestehenden Arbeitsverhältnis wird vielmehr der Arbeitsvertrag nach Maßgabe der gesetzlichen Bestimmungen um die mit diesem Amt verbundenen Aufgaben erweitert. Nimmt der Arbeitnehmer das Angebot durch Übernahme der Tätigkeit an und dokumentiert er damit sein Einverständnis mit der Bestellung, wird der Arbeitsvertrag für die Zeitspanne der Amtsübertragung entsprechend geändert und angepasst. Wird die Bestellung wirksam widerrufen oder entfällt das Funktionsamt auf andere Weise, ist die Tätigkeit nicht mehr Bestandteil der vertraglich geschuldeten Leistung. Eine Abberufung muss – als einseitige Leistungsbestimmung des Arbeitgebers – billigem Ermessen nach § 315 BGB entsprechen. Das ist nur dann nicht erforderlich, wenn sich die vertragsschließenden Parteien auf eine „freie Widerruflichkeit" der Amtsübertragung geeinigt haben.

(vgl. BAG 18.10.2023, 5 AZR 68/23, AP Nr. 115 zu § 315 BGB)

2

Für die Ermittlung der übertragenen (auszuübenden Tätigkeit) kommt es auch nicht darauf an, welche Aufgaben die einzelnen Beschäftigten ausüben, weil dies schon in der Vergangenheit zu ihren Aufgaben gehörte oder weil sonst Aufgaben nicht erledigt werden. Entscheidend sind der Arbeitsvertrag und die im Rahmen des Direktionsrechts zugewiesenen Tätigkeiten. Der Beschäftigte kann sich daher eingruppierungsrechtlich nicht auf die von ihm tatsächlich wahrgenommenen Tätigkeiten, auch wenn sie höher zu bewerten sind, berufen. Auch kann sich der Beschäftigte eine Tätigkeit selbst nicht zuweisen (vgl. LAG SLH 30.01.2018, 2 TaBV 19/17, ZTR 2018, S. 580 ff.).

Damit stellt sich die Frage, wer diese Arbeitgeberfunktion innehat. Das ist in der Regel die Personal- bzw. Organisationsabteilung als personalbewirtschaftende Stelle. Überträgt ein dazu nicht befugter Vorgesetzter einem Beschäftigten höherwertige Tätigkeiten, führt dies nicht zu einem tariflichen Anspruch auf höhere Vergütung, da die höherwertige Tätigkeit aufgrund der unsachgemäßen Übertragung nicht zur auszuübenden Tätigkeit geworden ist. Der automatische Anspruch auf eine tarifkonforme Vergütung setzt somit erst dann ein, wenn die entsprechenden Tätigkeiten durch das sachlich zuständige Organ der Dienststelle übertragen oder zumindest stillschweigend geduldet wurden (vgl. BAG 05.05.1999, 4 AZR 360/98, AP Nr. 268 zu §§ 22, 23 BAT 1975; LAG Köln 20.01.2016, 11 Sa 460/15, zit. nach WKRS 2016, 39125).

In bestimmten Fällen ist dem Mitarbeiter indes Vertrauensschutz zuzubilligen.

Beispiel:

Überschreitet der Leiter einer Beschäftigungsstelle seinen Zuständigkeitsrahmen, indem er dem Mitarbeiter einen tariflich höher bewerteten Arbeitsplatz zuweist, kann dem einzelnen Mitarbeiter grundsätzlich nicht zugemutet werden, bei der Beurteilung der Maßnahme klüger zu sein als der ihm vorgesetzte Leiter der Beschäftigungsstelle. Der Mitarbeiter muss sich grundsätzlich darauf verlassen können, dass die Tätigkeit vom Betriebsstättenleiter zugewiesen wurde, die von ihm auszuübende Tätigkeit ist und tarifgerecht vergütet wird. Etwas anderes gilt nur, wenn die Unzuständigkeit des Betriebsstättenleiters für die Zuweisung der Tätigkeit dem Mitarbeiter bekannt und doch offensichtlich ist (vgl. LAG Köln 06.08.2014, 5 Sa 877/13, ZTR 2015, S. 21 f.; BAG 16.04.2015, 6 AZR 242/14, AP Nr. 2 zu § 14 TVöD).

Bei der Eingruppierung soll nur die auszuübende Tätigkeit eine Rolle spielen, die dem Mitarbeiter **„nicht nur vorübergehend“**, sondern auf Dauer übertragen wurde und die er damit regelmäßig ausüben soll. Diese Tätigkeiten sind abzugrenzen von solchen Tätigkeiten, die dem Mitarbeiter nur vorübergehend übertragen werden.

Wichtig: Der Arbeitgeber hat somit zwei Möglichkeiten, höherwertige Tätigkeiten zu übertragen:

- Fallen Tätigkeiten nicht dauerhaft für den Mitarbeiter an, erfolgt die Übertragung im Rahmen des § 14 Abs. 1 TVöD/TV-L

– bzw. eventuell auch nach § 32 Abs. 3 TVöD/TV-L, wenn es sich um eine entsprechende Führungsfunktion handelt – und löst gemäß §§ 14 bzw. 32 TVöD/TV-L entsprechende tarifliche Zulagenzahlungen aus (zur Anwendung der §§ 14 und 32 siehe BAG 16.07.2020, 6 AZR 287/19, AP Nr. 1 zu § 32 TVöD und BAG 28.10.2021, 6 AZR 9/21, AP Nr. 2 zu § 32 TVöD).

- Handelt es sich um regelmäßig und damit auf Dauer anfallende Tätigkeiten, führt deren Übertragung zur Eingruppierung nach § 12 TVöD/TV-L.

Maßgeblich ist der bei der Übertragung der Tätigkeit zum Ausdruck kommende Wille des Arbeitgebers. Aus ihm muss sich ergeben, ob die Tätigkeit auf Dauer oder nur vorübergehend übertragen werden soll (vgl. BAG 22.06.2022, 4 AZR 440/21, AP Nr. 15 zu § 12 TVöD m. w. N.)

Dabei stellt die Übertragung einer höherwertigen Tätigkeit auf Dauer den Regelfall dar. Demgegenüber ist die vorübergehende Übertragung nach § 14 TVöD/TV-L die Ausnahme und erfordert deshalb einen ausreichenden Grund, um billigem Ermessen (§ 106 GewO i. V. m. § 315 BGB) zu entsprechen. Allein die mögliche Unsicherheit über die Dauer der Beschäftigungsmöglichkeit mit den übertragenen höherwertigen Tätigkeiten reicht nicht aus. Die Regelung des § 14 TVöD/TV-L kann nicht dafür herangezogen werden, die Ungewissheit über die Dauer der weiteren Beschäftigungsmöglichkeit auf den Mitarbeiter zu verlagern. Die Anwendung des § 14 TVöD/TV-L setzt vielmehr hinreichend gesicherte Planungs- und Prognosegrundlagen voraus. Eine bloße Grundsatzentscheidung über Aufgabenverlagerungen ohne entsprechende zeitliche und sonstige weitere Konkretisierungen, reicht nicht (vgl. BAG 04.07.2012, 4 AZR 759/10, AP Nr. 1 zu § 14 TVöD).

2. Summarische/Analytische Bewertung

Für die konkrete Bestimmung des Arbeitswertes stellt die Betriebswirtschaftslehre unterschiedliche Verfahren bereit:

2

Verfahren der Arbeitsbewertung

Grundlage	Arbeitswert	
Bestimmung	➡ nach der Schwierigkeit der Tätigkeit ➡ der damit an den Arbeitnehmer gestellten Arbeitsanforderungen	
Verfahren	**summarisch**	**analytisch**
qualitativ (Bestimmung des Arbeitswerts)	Gesamteinschätzung anhand der Kriterien ➡ Kenntnisse (Ausbildung) ➡ Verantwortung	keine Gesamteinschätzung mehrere arbeitsbestimmende Einzelmerkmale, z. B. ➡ Können ➡ Belastung ➡ Verantwortung ➡ Arbeitsbedingungen
qualitativ (Abstufung der unterschiedlichen Schwierigkeitsgrade)	durch die Bildung von ➡ Katalogen/ Entgeltgruppen	durch die Bildung von ➡ Rangreihen oder ➡ Stufenwertzahlen
Praxis	Entgeltordnungen für Arbeitnehmer	z. B. Bewertung von Beamtenstellen

Quelle: IPW – Institut für Personalwirtschaft GmbH

Die Tarifverträge des öffentlichen Dienstes sehen aus betriebswirtschaftlicher Sicht ein sogenanntes summarisches Bewertungsverfahren vor: Dabei erfolgt zunächst eine qualitative Gesamteinschätzung der an den Arbeitnehmer gestellten Anforderungen anhand vorgegebener Bewertungskriterien (Tätigkeitsmerkmale). Bei diesen handelt es sich im Wesentlichen um die Merkmale Kenntnisse (Ausbildung) und Verantwortung. Sie bestimmen den Schwierigkeitsgrad der Aufgabenstellung. Dabei bilden die Merkmalsarten Kenntnisse/ Ausbildung die fachliche Schwierigkeit der Aufgabenstellung ab, das Merkmal der Verantwortung hingegen die Folgen des Handelns. Diese Folgen ergeben sich aus den mit der Aufgabe übertragenen Entscheidungsrechten. Beide Merkmalsarten zusammengefasst verdeutlichen, dass es bei der Eingruppierung regelmäßig auf die Fach- und Entscheidungskompetenzen im Rahmen der Aufgabenerfüllung ankommt. Diese Anforderungen werden in einem weiteren Schritt quantifiziert, in dem die unterschiedlichen Schwierigkeitsgrade der Arbeiten zueinander ins Verhältnis gesetzt und unterschiedlichen Entgeltgruppen zugeordnet (katalogisiert) werden.

Die Eingruppierungsregeln im TVöD/TV-L sind also so aufgebaut, dass sich die Anforderungen an die Fach- und/oder Entscheidungskompetenz mit jeder Entgeltgruppe erhöhen. Die einzelnen Anforderungen bauen dabei grundsätzlich aufeinander auf (sog. Baukastenprinzip). Dabei bilden Anforderungen an die Fachlichkeit eine zentrale Rolle: TVöD und TV-L bewerten Fachlichkeit an vielen Stellen nach der für die Tätigkeit erforderlichen Ausbildung, z. B. im Rahmen der Allgemeinen Tätigkeitsmerkmale:

auszuübende Tätigkeit erfordert Kenntnisse auf dem Niveau...	**EG TVöD-VKA (Teil A Abschnitt I.)**	**EG TVöD-Bund (Teil I)**	**EG TV-L (Teil I)**
... abgeschlossene wissenschaftliche Hochschulbildung (Dipl., Master, 1. Staatsprüfung, ...)	13 – 15	13 – 15	13 – 15
... abgeschlossene Hochschulbildung (Dipl.-FH, Bachelor)	9b – 12	9b – 12	9b – 12
... abgeschlossene Berufsausbildung	5 – 9a	5 – 9a	5, 6, 8, 9a
... keine abgeschlossene Berufsausbildung	1 – 4	1 – 4	1 – 4

Im Rahmen der Arbeitsbewertung bzw. Stellenbewertung wird funktionsbezogen ermittelt, welche Ausbildung erforderlich ist, im Rahmen der Eingruppierung wird dann geprüft, ob der Beschäftigte über die Ausbildung auch verfügt (zu den Einzelheiten siehe Kapitel 2.5).

Wichtig: Die Begriffe Eingruppierung und Stellenbewertung sind nicht identisch!

Unter Arbeits-/Stellenbewertung ist die Zuordnung von Tätigkeiten unter die geltenden Eingruppierungsbestimmungen zu verstehen.

Sie ist funktions-, nicht personenbezogen (vgl. BAG 17.11.2010, 7 ABR 123/09, AP Nr. 47 zu § 99 BetrVG 1972 Eingruppierung). Die Arbeits-/Stellenbewertung ist also die theoretische Vorarbeit, um dann – bei Bedarf – tarifrechtlich abgesichert geeignete Beschäftigte im Rahmen der Personalauswahl auszuwählen und einzugruppieren.

2 Zur Abgrenzung der Anforderungen bedient sich die Entgeltordnung darüber hinaus sogenannter Aufbaumerkmale. Ein Aufbaumerkmal in diesem Sinne liegt vor, wenn das Tätigkeitsmerkmal ein „Herausheben" aus dem in Bezug genommenen Tätigkeitsmerkmal der niedrigeren Entgeltgruppe vorsieht.

Beispiel zu Heraushebungsmerkmalen aus Teil A Abschnitt I. Ziffer 3. der EGO TVöD-VKA:

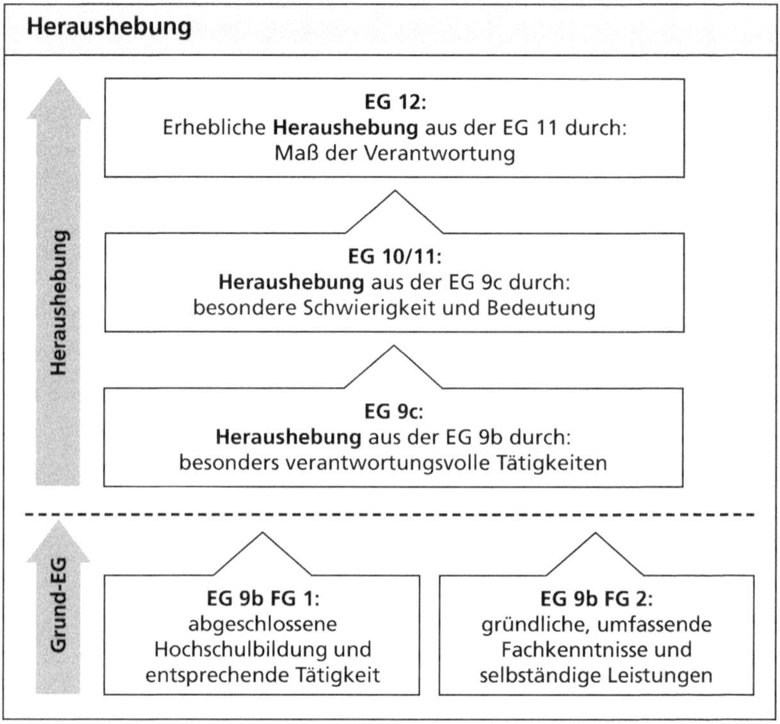

Dieses summarische Modell muss von der sogenannten analytischen Stellenbewertung abgegrenzt werden und darf nicht miteinander vermengt werden (so aber Schlusen/Fellenberg/Hüsgen, Kapitel B, § 5 Rn. 78 ff.). Beim sogenannten analytischen Verfahren, das in der Praxis regelmäßig bei der Dienstpostenbewertung der (Kommunal-)Beamten eingesetzt wird, erfolgt hingegen keine qualitative Gesamteinschätzung der übertragenen Tätigkeit. Vielmehr werden die qualitativen Anforderungen an die Arbeit durch mehrere Einzelmerkmale in ihren (wesentlichen) Einzelheiten beschrieben. Der Schwierigkeitsgrad der zu erbringenden Arbeitsleistung wird aus einer qualitativen Analyse dieser arbeitsbestimmenden Einzelmerkmale (z. B. Können, Belastung, Verantwortung, Arbeitsbedingungen) ermittelt. Die Quantifizierung (Einstufung) richtet sich dann nach dem sogenannten Rangreihenverfahren oder dem Stufenwertzahlverfahren (einführend siehe Gamisch/Mohr, gEG, IV B.2.2; vertiefend Scholz, S. 849 ff.).

Praxis-Tipp:

§ 12 TV-L/TVöD trifft für die Eingruppierung eine bindende und abschließende Regelung, die sich als summarische Arbeitsbewertung darstellt. Das BAG hat entschieden, dass eine analytische Stellenbewertung, wie sie bei (Kirchen-)Beamten vorgenommen wird, im Geltungsbereich des BAT nicht anwendbar ist (BAG 15.02.1971, 4 AZR 147/70, AP Nr. 38 zu §§ 22, 23 BAT und BAG 14.08.1985, 4 AZR 21/84, AP Nr. 109 zu §§ 22, 23 BAT 1975). Gleiches gilt für die Nachfolgeregelung im TV-L und TVöD, da diese die Systematik des BAG grundsätzlich weitergeführt haben.

3. Unerheblich für die Eingruppierung

Folgende Aspekte sind für die Eingruppierung ohne Bedeutung:

- Stellenanzeigen und Ausschreibungstexte
- Stellenpläne
- Angabe der Entgeltgruppe im Arbeitsvertrag
- ausgewiesene Stellen im Haushalts- oder Stellenplan
- Beschlüsse politischer Gremien
- Bewertungen von Stellenbewertungskommissionen
- Einarbeitungszeit (Grundsatz; beachte einzelne Ausnahmen in der Entgeltordnung TVöD und TV-L)
- Eingruppierung vergleichbarer (früherer) Beschäftigter (Angestellte, Arbeiter, Beamte)
- Eingruppierungsrichtlinien einer Tarifvertragspartei
- Geschäftsverteilungspläne
- Qualität der geleisteten Arbeit
- Quantität der geleisteten Arbeit
- Schlüsselqualifikationen (z. B. Kontaktfähigkeit, Phantasie, Eigeninitiative, Verhandlungsgeschick)

(vgl. Gamisch/Mohr, gEG, IV B.4.2 m. w. N.)

4. Die Ausbildung als subjektives Merkmal

An verschiedenen Stellen fordert das Eingruppierungsrecht ausdrücklich eine Ausbildung. Man spricht von einem subjektiven Merkmal (= Anforderung an die Person). Diese Ausbildung ist entweder unverzichtbar (z. B. bei Ärzten) oder kann durch anderweitige berufliche Qualifikationen oder Erfahrungswissen ersetzt werden. Das Tarifrecht hat in diesem Fall den Begriff des „sonstigen Beschäftigten" geprägt. Diesen kennen die Eingruppierungsbestimmungen in fast allen Teilen der Entgeltordnungen (für den Sozial- und Erziehungsdienst siehe z. B. Gamisch/Mohr, SuE; insgesamt siehe Gamisch/Mohr, gEG, IV D.1).

5. Über- und Unterstellungsverhältnisse

Schließlich können sich Über- und Unterstellungsverhältnisse auf die Eingruppierung auswirken. Entweder fordert das Eingruppierungsmerkmal ausdrücklich die Nachordnung von Mitarbeitern (z. B. im Sparkassendienst; in der IT) oder diese wird rechtlich bewertet, wenn ein Heraushebungsmerkmal vorliegen soll (z. B. besonders verantwortungsvolle Tätigkeiten, Bedeutung, erhebliches Maß der Verantwortung).

Der Arbeitsvorgang

1. Der Arbeitsvorgang als abstrakter Rechtsbegriff 36
2. Der Arbeitsvorgang als Ergebnis einer Organisationsentscheidung 37
3. Der Begriff des Arbeitsvorgangs 38
4. Aufspaltungsverbot 44
5. Die Bildung des Arbeitsvorgangs 48
6. Die Anzahl der Arbeitsvorgänge 52
7. Leitung als einheitlicher Arbeitsvorgang 54
8. Funktionsmerkmal als einheitlicher Arbeitsvorgang 58
9. Tätigkeiten mit Funktionscharakter 60
10. Differenzierte Arbeitsvorgänge 64
11. Die neue Tendenz in der Rechtsprechung 66
12. Die Bildung von Arbeitsvorgängen im ehemaligen Arbeiterbereich 72

1. Der Arbeitsvorgang als abstrakter Rechtsbegriff

Der Arbeitsvorgang ist im TV-L/TV-H bzw. TVöD die für die Tätigkeitsbewertung allein maßgebliche Bewertungseinheit. Dementsprechend muss dieser zutreffend gebildet und beschrieben werden, da der Arbeitsvorgang kein „unbestimmter Rechtsbegriff" ist, im Gegenteil: Das BAG hat ausgeführt:

§

BAG vom 16.08.2023

Der Begriff des „Arbeitsvorgangs" ist ein feststehender, abstrakter, von den Tarifvertragsparteien vorgegebener Rechtsbegriff. Seine Anwendung durch die Tatsachengerichte ist revisionsrechtlich in vollem Umfang nachprüfbar (...).

3

(BAG 16.08.2023, 4 AZR 339/22, AP Nr. 19 zu § 12 TVöD)

Das heißt, dass die Gerichte – in letzter Instanz das BAG als Revisionsgericht – die Bildung der Arbeitsvorgänge überprüfen. Eine solche Überprüfung führt beim BAG immer wieder zu Korrekturentscheidungen (so z. B. BAG 16.12.2020, 4 AZR 97/20; BAG 16.10.2019, 4 AZR 284/18, zit. nach www.bundesarbeitsgericht.de/entscheidungen).

Praxis-Tipp:

Fehler bei der Bildung eines Arbeitsvorgangs durchziehen als Folgefehler das gesamte Bewertungsverfahren (siehe z. B. zum TVöD: AP Nrn. 4, 5, 6, 19 zu § 12 TVöD und zum TV-L: AP Nrn. 6, 9, 10, 11, 12 zu § 12 TV-L).

Deshalb muss bei der Stellenbeschreibung großer Wert auf die korrekte Bildung und Beschreibung des Arbeitsvorgangs gelegt werden. So führte das LAG Köln in einer seiner Entscheidungen aus: Die korrekte Bildung von Arbeitsvorgängen ist für eine tarifgerechte Eingruppierung als erster Schritt richtungsweisend und folglich von besonderer Bedeutung. Werden Arbeitsvorgänge fehlerhaft gebildet, beeinflusst und verfälscht dies die abschließende tarifliche Bewertung nachhaltig (vgl. LAG Köln 02.06.2022, 6 Sa 821/21, zit. nach WKRS 2022, 32964).

Dass die Bestimmung des Arbeitsvorgangs Sache der Gerichte ist, führte in den letzten Jahren – eigentlich bereits mit Beginn der Einführung des Arbeitsvorgangs in den BAT (siehe z. B. BAG 22.11.1977, 4 AZR 395/76, AP Nr. 2 zu §§ 22, 23 BAT 1975) – zu Diskrepanzen zwischen rechtlicher und praktischer Auslegung und Anwendung des Begriffs. Ihren wohl vorerst letzten (?) Höhepunkt erreichte die Diskussion mit den Entscheidungen des BAG zur Eingruppierung von Geschäftsstellenverwaltern bei Gerichten (BAG-Entscheidungen gem. AP Nrn. 6, 9, 10, 11, 12 zu § 12 TV-L). Die Tarifvertragsparteien haben reagiert und den Begriff auf die Agenda gesetzt (zum aktuellen Stand der [juristischen] Diskussion siehe auch ZTR 2021, Die Rettung des Arbeitsvorgangs im TVöD/TV-L – Facelifting oder großer Eingriff?, S. 51 ff. sowie ZTR 2023, Verfassungsrechtliche Grundlagen der Interpretation von Tarifnormen, S. 376 ff.). Man darf also gespannt sein, ob und wie sich die Tarifvertragsparteien bei dieser wichtigen Grundsatzfrage einigen (können).

2. Der Arbeitsvorgang als Ergebnis einer Organisationsentscheidung

Indem der Arbeitgeber kraft seiner Organisationsgewalt entscheidet, welcher Mitarbeiter welche Tätigkeiten ausübt, bestimmt er über die Bildung der Arbeitsvorgänge auch die tarifliche Wertigkeit der Stellen. Eine organisatorische Vorgabe führt dann zur Anwendung der Tarifautomatik.

Nicht erwünschte Eingruppierungsergebnisse dürfen nicht über eine fehlerhafte Anwendung des Tarifvertrags vermieden, sondern müssen vielmehr im Vorfeld durch die zielgerichtete Verteilung der qualitativen und quantitativen Aufgaben gesteuert werden.

Beispiel:

Es ist grundsätzlich unzulässig, während der Probezeit die tarifkonforme Eingruppierung abzusenken und eine Entgeltgruppe weniger zu zahlen. Damit dem Umstand Rechnung getragen wird, dass sich ein neuer Mitarbeiter ggf. erst in die Stelle und ihre Anforderungen hineinfinden muss, darf nicht die gesamte auszuübende Tätigkeit gemäß Stellenbeschreibung übertragen werden. Mittels eines Aktenvermerks wird vielmehr dokumentiert, warum (fehlende fachliche Qualifikationen, fehlendes Erfahrungswissen) welche Teile der auszuübenden Tätigkeit gemäß Stellenbeschreibung dem Beschäftigten noch nicht übertragen worden sind. So werden beispielsweise die Arbeitsvorgänge mit selbständigen Leistungen unter fachlicher Anleitung und damit nach den Vorgaben zu Arbeitsweg und

Arbeitsmethoden erledigt, so dass die Anforderungen an das Tätigkeitsmerkmal selbständige Leistungen (siehe z. B. BAG 21.03.2012, 4 AZR 279/10, AP Nr. 319; BAG 10.12.1997, 4 AZR 350/96, AP Nr. 235 beide zu §§ 22, 23 BAT 1975 m. w. N.) noch nicht vollständig erfüllt werden.

Das gilt insbesondere für den Fall, dass die Eingruppierung ausnahmsweise von Unterstellungsverhältnissen oder der Größe eines Unternehmens bzw. einer Dienststelle abhängig ist. Ein großzügig gestalteter Aufgabenzuschnitt kann die tarifliche Wertigkeit der Tätigkeit maßgeblich erhöhen (siehe z. B. die Funktion des Geschäfts-
3 stellenverwalters beim Bundesverwaltungsgericht, BAG 28.02.2018, 4 AZR 816/16, AP Nr. 47 zu §§ 22, 23 BAT-O, ZTR 2018, S. 386 ff.).

Bei der Stellenbeschreibung müssen deshalb die Arbeitsvorgänge im Hinblick auf deren Umfang und die anfallenden Zusammenhangsarbeiten sorgfältig geprüft und dokumentiert werden (zu den Anforderungen an Stellenbeschreibungen siehe z. B. BAG 21.03.2012, 4 AZR 292/10, AP Nr. 322 zu §§ 22, 23 BAT 1975, ZTR 2012, S. 628 ff.; vgl. auch BAG 16.11.2011, 4 AZR 773/09, AP Nr. 67 zu § 611 BGB Kirchendienst; BAG 18.11.2015, 4 AZR 534/13 m. w. N., AP Nr. 61 zu § 1 TVG; BAG 10.06.2020, 4 AZR 142/19, AP Nr. 3 zu § 12 TVöD und vertiefend: Gamisch/Mohr, StB).

3. Der Begriff des Arbeitsvorgangs

Die tarifliche Definition des Arbeitsvorgangs entspricht bis auf wenige Änderungen der des BAT.

Protokollerklärung zu § 12 Abs. 2 TVöD-VKA	**Protokollerklärung Nr. 1 zu § 22 Abs. 2 BAT-VKA**
Arbeitsvorgänge sind: 1.1 Arbeitsleistungen (einschließlich Zusammenhangsarbeiten)	Arbeitsvorgänge sind: 2.1 Arbeitsleistungen (einschließlich Zusammenhangsarbeiten)
1.2 die, bezogen auf den Aufgabenkreis der/des Beschäftigten,	2.2 die, bezogen auf den Aufgabenkreis des Angestellten,
1.3 zu einem bei natürlicher Betrachtung	2.3 zu einem bei natürlicher Betrachtung
1.4 abgrenzbaren Arbeitsergebnis führen.	2.4 abgrenzbaren Arbeitsergebnis führen.

Protokollerklärung zu § 12 Abs. 2 TVöD-VKA	Protokollerklärung Nr. 1 zu § 22 Abs. 2 BAT-VKA
Klammersatz zur Protokollerklärung:	**Klammersatz zur Protokollerklärung:**
1.1 unterschriftsreife Bearbeitung eines Aktenvorgangs	2.1 unterschriftsreife Bearbeitung eines Aktenvorgangs, eines Widerspruchs oder eines Antrags
1.2 Erstellung eines EKG	2.2 Erstellung eines EKG
1.3 Fertigung einer Bauzeichnung	2.3 Fertigung einer Bauzeichnung
1.4 Eintragung in das Grundbuch	2.4 Konstruktion einer Brücke oder eines Brückenteils
1.5 Konstruktion einer Brücke oder eines Brückenteils	2.5 Bearbeitung eines Antrags auf Sozialleistung
1.6 Bearbeitung eines Antrags auf Wohngeld	2.6 Betreuung einer Person oder Personengruppe
1.7 Festsetzung einer Leistung nach dem Bundessozialhilfegesetz	2.7 Durchführung einer Unterhaltungs- oder Instandsetzungsarbeit

3

Die Protokollerklärungen zu § 12 TVöD-Bund und zu § 12 TV-L entsprechen der des TVöD-VKA. Nur die Beispiele zu Arbeitsvorgängen in den Klammersätzen variieren:

PE Nr. 1 zu § 12 Abs. 1 TV-L bzw. § 12 Abs. 2 TVöD-Bund	PE zu § 12 Abs. 2 TVöD-VKA
1.1 unterschriftsreife Bearbeitung eines Aktenvorgangs, eines Widerspruchs oder eines Antrags	2.1 unterschriftsreife Bearbeitung eines Aktenvorgangs, eines Widerspruchs oder eines Antrags
1.2 Erstellung eines EKG	2.2 Erstellung eines EKG
1.3 Fertigung einer Bauzeichnung	2.3 Fertigung einer Bauzeichnung
	2.4 Konstruktion einer Brücke oder eines Brückenteils
	2.5 Bearbeitung eines Antrags auf Sozialleistung
1.4 Betreuung bzw. Pflege einer Person oder Personengruppe	2.6 Betreuung einer Person oder Personengruppe
1.5 Durchführung einer Unterhaltungs- bzw. Instandsetzungsarbeit	2.7 Durchführung einer Unterhaltungs- oder Instandsetzungsarbeit

Das BAG konkretisiert den Begriff wie folgt:

BAG vom 13.12.2023

Nach § 12 Abs. 2 TVöD-VKA ist Bezugspunkt der tariflichen Bewertung der Arbeitsvorgang. Maßgebend für dessen Bestimmung ist das Arbeitsergebnis. Für die Beurteilung, ob eine oder mehrere Einzeltätigkeiten zu einem Arbeitsergebnis führen, sind eine natürliche Betrachtungsweise und die durch die Arbeitgeberin vorgenommene Arbeitsorganisation ausschlaggebend. Dabei kann die gesamte vertraglich geschuldete Tätigkeit einen einzigen Arbeitsvorgang ausmachen. Einzeltätigkeiten können dann nicht zusammengefasst werden, wenn die verschiedenen Arbeitsschritte von vornherein auseinandergehalten und organisatorisch voneinander getrennt sind. Hierfür reicht jedoch die theoretische Möglichkeit nicht aus, einzelne Arbeitsschritte oder Einzelaufgaben verwaltungstechnisch isoliert auf andere Beschäftigte zu übertragen. Bei der Zuordnung zu einem Arbeitsvorgang können wiederkehrende und gleichartige Tätigkeiten zusammengefasst werden. Dem Arbeitsvorgang hinzuzurechnen sind dabei nach Satz 1 der Protokollerklärung zu § 12 Abs. 2 TVöD-VKA auch Zusammenhangsarbeiten. Das sind solche, die aufgrund ihres engen Zusammenhangs mit bestimmten Aufgaben einer Beschäftigten bei der tariflichen Bewertung zwecks Vermeidung tarifwidriger „Atomisierung" der Arbeitseinheiten nicht abgetrennt werden dürfen, sondern diesen zuzurechnen sind. Die tarifliche Wertigkeit der verschiedenen Einzeltätigkeiten oder Arbeitsschritte bleibt dabei zunächst außer Betracht. Erst nachdem die Bestimmung des Arbeitsvorgangs erfolgt ist, ist dieser anhand des in Anspruch genommenen Tätigkeitsmerkmals zu bewerten.

(BAG 13.12.2023, 4 AZR 317/22, AP Nr. 21 zu § 12 TVöD)

3

Diese Ausführungen werden als unübersichtlich empfunden. Deshalb wird versucht, die Definition zu strukturieren, was aus didaktischen Gründen auch sinnvoll ist.

Übersicht: Gegliederte Definition des Arbeitsvorgangs	
Protokollerklärung zu § 12 Abs. 1 TV-L und zu § 12 Abs. 2 TVöD	**BAG**
Arbeitsvorgänge sind:	Der Arbeitsvorgang ist
1.1 Arbeitsleistungen einschließlich Zusammenhangsarbeiten	2.1 eine unter Hinzurechnung der Zusammenhangstätigkeiten
1.2 die bezogen auf den Aufgabenkreis des Beschäftigten	2.2 und unter Berücksichtigung der durch den Arbeitgeber vorgegebenen Arbeitsorganisation
1.3 zu einem bei natürlicher Betrachtung	2.3 nach tatsächlichen Gesichtspunkten abgegrenzte

Übersicht: Gegliederte Definition des Arbeitsvorgangs	
Protokollerklärung zu § 12 Abs. 1 TV-L und zu § 12 Abs. 2 TVöD	**BAG**
1.4 abgrenzbaren Arbeitsergebnis führen.	2.4 zu einem bestimmten Arbeitsergebnis führende Tätigkeit eines Beschäftigten.

Das bedeutet, dass die Stellenbeschreibung Arbeitsvorgänge enthalten muss (siehe z. B. BAG 21.03.2012, 4 AZR 292/10, AP Nr. 322 zu §§ 22, 23 BAT 1975, ZTR 2012, S. 628 ff.; vgl. auch BAG 16.11.2011, 4 AZR 773/09, AP Nr. 67 zu § 611 BGB Kirchendienst). Diesen werden die Zusammenhangsarbeiten (zu 1.1/2.1) hinzugerechnet, die wegen des sogenannten Aufspaltungsverbots nicht gesondert ausgewiesen und bewertet werden dürfen. Denn in den Protokollerklärungen zu § 12 TV-L/TVöD wird jeweils bestimmt: „Jeder einzelne Arbeitsvorgang ist als solcher zu bewerten und darf dabei hinsichtlich der Anforderungen zeitlich nicht aufgespalten werden." Anderenfalls käme es zu einer unzulässigen sogenannten Atomisierung.

3

Der Arbeitsvorgang ist vom Arbeitsschritt zu trennen. Darunter versteht man die kleinste, nicht mehr sinnvoll aufspaltbare Arbeitsleistung des Beschäftigten (vgl. § 13 TV-WW/NW n. F.). Viele aneinander gereihte Arbeitsschritte dienen einem Ziel, dem Erreichen eines bestimmten Arbeitsergebnisses. Liegt ein Arbeitsergebnis vor, spricht man von einem Arbeitsvorgang (zu 2.4). Die Reihenfolge der Arbeitsschritte wird als Arbeitsablauf bezeichnet. Zum Arbeitsablauf zählen auch Zusammenhangsarbeiten (zu 1.1/2.1). TV-L/TVöD-Bund und TVöD-VKA nennen in ihren Protokollerklärungen typische Arbeitsergebnisse aus den Bereichen Verwaltung und Krankenhaus, nämlich die unterschriftsreife Bearbeitung eines Aktenvermerks, die Erstellung eines EKG usw.

Auf diesem Weg wird die Arbeitsleistung (zu 1.1/2.1) erfasst. Arbeitsleistung ist somit jede zur Erfüllung der Arbeitspflicht verrichtete Aktivität eines Beschäftigten. Sie umfasst damit die gesamte auszuübende Tätigkeit bzw. den Aufgabenkreis (zu 1.2/2.2) eines Beschäftigten. Die Bewertung muss sich auf den Aufgabenbereich des Beschäftigten beziehen, das heißt auf den gesamten Aufgabenkreis, der ihm vom Arbeitgeber im Rahmen des Direktionsrechts (gemäß

§ 106 GewO) zugewiesen worden ist (vgl. BAG 02.12.1992, 4 AZR 140/92, ZTR 1993, S. 204).

Die Arbeitsleistung bzw. der Aufgabenbereich ist somit nichts anderes als die insgesamt (zu 100 Prozent) regelmäßig auszuübende Tätigkeit.

Zusammenhangsarbeiten sind Tätigkeiten, „(...) die aufgrund ihres engen Zusammenhangs mit bestimmten, insbesondere höherwertigen Aufgaben eines Mitarbeiters bei der tariflichen Bewertung zwecks Vermeidung tarifwidriger Atomisierung der Arbeitseinheiten nicht abgetrennt werden dürfen, sondern diesen zuzurechnen sind (...)" (BAG 10.12.2014, 4 AZR 773/12, ZTR 2015, S. 646 ff.), wie z. B.:

- Besprechungen und Telefongespräche, die mit der Bearbeitung des Aktenvorgangs zusammenhängen
- Fertigen und Lesen von Statistiken, wenn diese die Grundlage für die inhaltliche Kernarbeit sind
- Führen eines Dienstwagens durch einen Verwaltungsmitarbeiter
- Lesen von Akten, z. B. um ein medizinisches oder juristisches Gutachten zu fertigen
- Publikumsverkehr
- Schriftverkehr, der mit der Bearbeitung des Aktenvorgangs anfällt
- Studium von Gesetzen, sonstigen Rechtsvorschriften und gerichtlichen Entscheidungen

(siehe z.B. BAG 09.09.2020, 4 AZR 195/20, AP Nr. 6 zu § 12 TV-L; BAG 16.10.2019, 4 AZR 284/18, AP Nr. 341 zu §§ 22, 23 BAT 1975)

Praxis-Tipp:

Diese Zusammenhangsarbeiten werden in der Stellenbeschreibung nicht zeitlich gesondert ausgewiesen. Anderenfalls droht eine unzulässige Atomisierung der Tätigkeit, die zu einer zu niedrigen Bewertung führt.

Vom Arbeitsschritt zum Arbeitsvorgang	
Stelle: Sachbearbeiter für den Haushalt (= Aufgabenkreis)	
Arbeitsschritt 1:	Entgegennahme der Mittelanmeldungen der Fachbereiche und Eingabe in die Software
Arbeitsschritt 2:	Abstimmung der Mittelanmeldung mit dem vorgegebenen Budgetrahmen
Arbeitsschritt 3:	Aufstellung des Haushaltsplans, der Nachtragspläne sowie sämtlicher Anlagen einschließlich Verfassen der Erläuterungen
Arbeitsschritt …	
= Arbeitsvorgang 1:	Aufstellen der Haushaltspläne für die … (x %)
Arbeitsschritt 6:	Überwachung der Einnahmen und Ausgaben der Fachbereiche (Soll-Ist-Vergleich des Budgets als Kontrolle der Ämter)
Arbeitsschritt 7:	Zentrale Auftragsüberwachung einschließlich Mittelfreigabe bei Auftragsvergaben
Arbeitsschritt 8:	Überwachung der Auftragsvergabe hinsichtlich
	+ …
	+ …
	+ …
Arbeitsschritt …	
= Arbeitsvorgang 2:	Überwachung des Vollzugs des Haushalts (y %)
Arbeitsschritt 10:	Abstimmen und Abschließen der einzelnen Konten
Arbeitsschritt 11:	Erstellen von Übertragungsanordnungen für Haushaltsreste
Arbeitsschritt …	
= Arbeitsvorgang 3:	Durchführen von Jahresabschlussarbeiten (z %) …

Es kommt entscheidend auf das bei „natürlicher Betrachtungsweise“ (zu 1.3/2.3) abgrenzbare Arbeitsergebnis (zu 1.4/2.4) an (grundlegend BAG 26.04.2023, 4 AZR 275/20, AP Nr. 9 zu § 12 TV-L; BAG 13.12.2023, 4 AZR 317/22, AP Nr. 21 zu § 12 TV-L).

Es muss eine „wirklichkeitsfremde Zersplitterung eines einheitlichen Arbeitsergebnisses“ (BAG 31.07.2002, 4 AZR 129/01, AP Nr. 291 zu §§ 22, 23 BAT 1975) verhindert werden. Dabei ist es unerheblich, dass es theoretisch verwaltungstechnisch möglich wäre, die Arbeit durch organisatorische Maßnahmen anders zu verteilen und die Be-

3

arbeitung auf verschiedene Bearbeiter zu übertragen. Maßgeblich ist somit die vom Arbeitgeber vorgegebene Organisation (vgl. BAG 13.05.2015, 4 AZR 355/13, AP Nr. 4 zu § 56 TVöD; BAG 24.02.2016, 4 AZR 485/13, AP Nr. 6 zu § 56 TVöD m. w. N. auf die Rechtsprechung des BAG; BAG 13.12.2023, 4 AZR 317/22, AP Nr. 21 zu § 12 TV-L).

Zusammenfassend kann man den Arbeitsvorgang mit einer (verkürzten) Arbeitsdefinition beschreiben als Arbeitsleistung,

- die zu einem bestimmten Ziel (Arbeitsergebnis) führt und
- unter Berücksichtigung des tatsächlichen Arbeitsablaufs des Mitarbeiters von anderen Tätigkeiten abgegrenzt ist.

Praxis-Tipp:

Die Stellenbeschreibung definiert genau so viele Ziele der Stelle, wie nachfolgend Arbeitsvorgänge beschrieben werden. Es ist daher nicht tarifkonform, in der Stellenbeschreibung z. B. „15 Ziele" und „4 Arbeitsvorgänge" abzubilden.

4. Aufspaltungsverbot

Wird nun ein verwertbares (Zwischen-)Arbeitsergebnis im o. g. Sinne erreicht, liegt ein Arbeitsvorgang vor. Dieser darf auch hinsichtlich der zeitlichen Anforderungen nicht weiter aufgespaltet werden (sog. „Atomisierung"). Mit den zeitlichen Anforderungen ist der Zeitanteil gemeint, zu dem das Tätigkeitsmerkmal erfüllt sein muss. Dieser beträgt gemäß § 12 TV-L/TVöD 50 Prozent, wenn innerhalb der Entgeltordnung nicht ausdrücklich ein anderer Zeitanteil vorgegeben wird. Nach ständiger Rechtsprechung des BAG ist es folglich ausreichend, wenn die tariflichen Anforderungen innerhalb des Arbeitsvorgangs in rechtserheblichem Umfang anfallen. Die einzelnen Tätigkeitsmerkmale müssen innerhalb des Arbeitsvorgangs zeitlich nicht zu 100 Prozent erfüllt sein.

Beispiele:

Spalte 1	**Spalte 2**	**Spalte 3**	**Spalte 4**
Anteil des Arbeitsvorgangs in %	**darin enthaltener Anteil selbständiger Leistungen in %**	**Bewertung des Arbeitsvorgangs**	**Urteil**
72	25	VG Vc FG 1a BAT B/L = EG 9a TVöD	BAG 05.11.2003, 4 AZR 689/02, AP Nr. 2 zu §§ 22, 23 BAT Rückgruppierung
80	25	VG Vc FG 1a BAT = EG 9a TVöD	BAG 21.03.2012, 4 AZR 266/10, AP Nr. 317 zu §§ 22, 23 BAT 1975

3

Dahinter steht folgender Grundgedanke: Der Arbeitsvorgang (Spalte 1) ist die zentrale Bewertungseinheit aus inhaltlicher und zeitlicher Sicht. Das Aufspaltungsverbot gestattet es nicht, einen Arbeitsvorgang nach Teiltätigkeiten unterschiedlicher tariflicher Wertigkeit aufzuteilen (gemäß Spalte 2 Teiltätigkeiten mit und ohne selbständige Leistungen). Eine zeitliche Gewichtung findet an dieser Stelle des Eingruppierungsvorgangs nicht mehr statt; die Bewertung erfolgt einheitlich (summarisches Bewertungsverfahren, siehe Kapitel 2.2; vgl. BAG 28.01.2009, 4 AZR 13/08, AP Nr. 39 zu §§ 22, 23 BAT-O m. w. N. auf die Rechtsprechung; BAG 09.09.2020, 4 AZR 195/20, AP Nr. 6 zu § 12 TV-L).

Wichtig: Die für die Bewertung maßgebende Teiltätigkeit muss weder zeitlich überwiegen noch dem Arbeitsvorgang das „Gepräge" geben.

Es genügt, wenn innerhalb des Arbeitsvorgangs überhaupt konkrete Tätigkeiten verrichtet werden, die die Anforderungen des bewertungsrelevanten höheren Tätigkeitsmerkmals erfüllen. In diesem Fall ist der Arbeitsvorgang in seinem gesamten zeitlichen Umfang dem entsprechend höheren Tätigkeitsmerkmal zuzuordnen (Spalte 3). Lediglich dann, wenn die höher bewerteten Teiltätigkeiten kein „rechtserhebliches Ausmaß" erlangen, können sie für die Bewertung des Arbeitsvorgangs ganz außer Acht gelassen werden (vgl. BAG 23.02.2022, 4 AZR 354/21, AP Nr. 12 zu § 12 TVöD; BAG 19.10.2022, 4 AZR 500/21, ZTR 2023, S. 215 ff.; vgl. BAG 26.04.2023, 4 AZR 275/20, ZTR 2023, S. 512 ff.; BAG 20.03.2024, 4 AZR 154/23, ZTR 2024, S. 506 ff.).

Die Anforderung „rechtserhebliches Ausmaß" stellt dabei in erster Linie nicht auf ein bestimmtes zeitliches Mindestmaß ab (Spalte 2). Rechtserhebliches Ausmaß erfordert vielmehr, dass ohne Vorliegen des jeweiligen Tätigkeitsmerkmals kein sinnvoll verwertbares Arbeitsergebnis erzielt werden könnte (vgl. BAG 21.03.2012, 4 AZR 266/10, ZTR 2012, S. 440 ff., AP Nr. 317 zu §§ 22, 23 BAT 1975; BAG 13.05.2020, 4 AZR 173/19, Rn. 41, AP Nr. 1 zu § 12 TVöD, ZTR 2020, S. 520 ff.; BAG 23.02.2022, 4 AZR 354/21, AP Nr. 12 zu § 12 TVöD; BAG 24.04.2024, 4 AZR 128/23, ZTR 2024, S. 510 ff., AP Nr. 1 zu § 29c TVÜ).

Für das in den o. g. Beispielen strittige Tätigkeitsmerkmal der selbständigen Leistungen bedeutet dies: Entscheidend ist, dass zu Beginn der Tätigkeit die Fähigkeit, selbständige Leistungen zu erbringen, allgemein bereitgehalten werden muss, weil sie nach der arbeitsvertraglichen Aufgabenstellung jederzeit, wenn auch in einem nicht vorhersehbaren Umfang, eingesetzt werden muss (vgl. BAG 21.03.2012, 4 AZR 266/10, ZTR 2012, S. 440 ff., AP Nr. 317 zu §§ 22, 23 BAT 1975; BAG 24.04.2024, 4 AZR 128/23, ZTR 2024, S. 510 ff., AP Nr. 1 zu § 29c TVÜ).

Dabei kann es dahinstehen, ob und ggf. wo genau eine quantitative Grenze für den unbestimmten Rechtsbegriff des rechtserheblichen Ausmaßes zu ziehen wäre. Eine Bestimmung eines Prozentsatzes, bei dessen Vorliegen das fragliche Tarifmerkmal in rechtserheblichem Ausmaß vorliegt, hält das BAG nicht für notwendig (vgl. BAG 21.03.2012, 4 AZR 266/10, ZTR 2012, S. 440 ff., AP Nr. 317 zu §§ 22, 23 BAT 1975).

Dieser qualitativ bestimmte Maßstab folgt insbesondere daraus, dass die Tarifvertragsparteien des TVöD und TV-L den Arbeitsvorgang zur grundlegenden und universalen Bezugsgröße für die Eingruppierung gemacht haben. Hätten die Tarifvertragsparteien die Arbeitszeit zum Bezugspunkt von Qualifikationsmerkmalen machen wollen, hätten sie das – beispielsweise – in § 12 TVöD/TV-L zum Ausdruck bringen müssen.

Diesen „Fehler" haben die Tarifvertragsparteien des TV-L erkannt. So soll § 12 TV-L im Lichte der Rechtsprechung, vor allem der des BAG vom 28.02.2018, 4 AZR 816/16 (AP Nr. 47 zu §§ 22, 23 BAT-O, ZTR 2018, S. 386 ff.) neu gefasst werden. In der Tarifeinigung vom 02.03.2019 haben sich ver.di und TdL auf folgende Verhandlungsklausel dazu verständigt:

„Zur Sicherstellung einer differenzierten Eingruppierung anhand des zeitlichen Umfangs, in dem eine bestimmte Anforderung (z. B. Schwierigkeit, Verantwortung) innerhalb der auszuübenden Tätigkeit erfüllt sein muss (Hierarchisierung), werden die Tarifvertragsparteien unmittelbar nach der Redaktion Gespräche aufnehmen."

Erste mögliche Überlegungen finden sich z. B. in einem Aufsatz von Natter und Sänger (ZTR 2019, S. 475 ff.). Diese Ideen werden z. B. noch einmal in einem Aufsatz von Thies/Kornprobst aufgenommen und vertieft (ZTR 2021, S. 51 ff.; Die Rettung des Arbeitsvorgangs im TVöD/TV-L – Facelifting oder großer Eingriff?). 3

Man darf also gespannt sein, ob und wie sich die Tarifvertragsparteien bei dieser wichtigen Grundsatzfrage einigen (können), zumal auch für den TVöD entsprechende Überlegungen bestehen (zu den Einzelheiten siehe Thies/Kornprobst; a. a. O.).

So lange keine Einigung und Neuregelung vorliegt, bleibt alles beim Alten, was für die Tarifbeschäftigen nicht immer der schlechtere Fall ist, was die aktuelle Rechtsprechung zum Arbeitsvorgang insgesamt zeigt (siehe z. B. BAG 29.01.2020, 4 ABR 8/18; BAG 09.09.2020, 4 AZR 195/20, AP Nr. 6 zu § 12 TV-L; BAG 28.02.2018, 4 AZR 816/16, AP Nr. 47 zu §§ 22, 23 BAT-O, ZTR 2018, S. 386 ff.; BAG 24.04.2024, 4 AZR 128/23, AP Nr. 1 zu § 29c TVÜ, ZTR 2024, S. 510 ff.).

Die darauf gerichtete Verfassungsbeschwerde der TdL und des Landes Berlin wurde nicht zur Entscheidung angenommen (BVerfG 04.10.2022, 1 BvR 382/21, ZTR 2023, S. 28 f.).

5. Die Bildung des Arbeitsvorgangs

Die Bildung des Arbeitsvorgangs hängt vom Arbeitsergebnis ab, das sich nach der Organisationsentscheidung des Arbeitgebers bestimmt. Dieser weist im Rahmen der Stellenbildung und -besetzung der Stelle bzw. dem Beschäftigten einen bestimmten Aufgabenkreis zu.

Bildung eines Arbeitsvorgangs

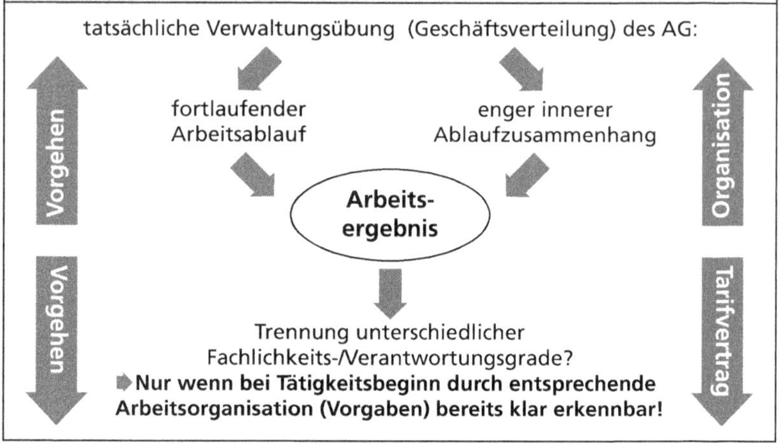

Quelle: IPW – Institut für Personalwirtschaft GmbH

Diesen Organisationsakt umschreibt die Rechtsprechung regelmäßig mit den Begriffen Verwaltungsübung, Geschäftsverteilung, Behördenanschauung bzw. behördliche Übung. Unter Verwaltungsübung ist dabei die Arbeitsorganisation im Einsatzbereich und die Aufgabenverteilung zwischen der zu bewertenden Stelle und den sonstigen Stellen im Einsatzbereich zu verstehen. Der Begriff wird damit regelmäßig synonym zu dem der Geschäftsverteilung, Behördenanschauung bzw. behördlichen Übung verwendet (vgl. BAG 09.09.2020, 4 AZR 195/20, AP Nr. 6 zu § 12 TV-L, Rn. 29 mit umfangreichen Nachweisen auf die BAG-Rechtsprechung).

Für die Feststellung des Arbeitsvorgangs/des Arbeitsergebnisses gilt es daher, zunächst den organisatorischen Rahmen und die Zuständigkeitsverteilung für die übertragenen Tätigkeiten insgesamt zu prüfen. Danach bestehen grundsätzlich zwei Möglichkeiten zur Bildung eines Arbeitsvorgangs:

Möglichkeiten zur Bildung eines Arbeitsvorgangs

1. Eine Aufgabe mit fortlaufendem Arbeitsablauf, bei dem der Arbeits-„gegenstand" (z. B. [Unterhalts-]Akten, Bauanträge für Wohngebäude, Bauwerksplanung) vom Beschäftigten durchgängig, also ohne inhaltliche Unterbrechung, zu bearbeiten ist (siehe z. B. BAG 14.03.2001, 4 AZR 172/00, ZTR 2002, S. 71 ff.), oder
2. Einzelaufgaben, die einen starken inneren Zusammenhang/ Bezug aufweisen, ohne dass ein ununterbrochener Arbeitsablauf wie unter 1. gegeben ist (vgl. z. B. BAG 08.11.2006, 4 AZR 620/05, AP Nr. 304 zu §§ 22, 23 BAT 1975; BAG 10.12.1997, 4 AZR 221/96, AP Nr. 237 zu §§ 22, 23 BAT 1975 m. w. N.).

Diese Feststellung hängt wesentlich davon ab, ob einer Stelle und damit einem Beschäftigten eine Aufgabe nur teilweise oder in (Allein)-Zuständigkeit übertragen wird. Die Rechtsprechung prägte in diesem Zusammenhang den Begriff „Funktionscharakter". Funktionscharakter bedeutet, dass aufgrund der Alleinzuständigkeit des Beschäftigten für ein bestimmtes Arbeitsgebiet alle mit diesem konkreten Arbeitsgebiet verbundenen Einzeltätigkeiten zu einem Arbeitsvorgang zusammengefasst werden können.

Beispiele:

- Betreuung von Personen bzw. Personengruppen bei einem Sozialarbeiter
  (BAG 13.05.2015, 4 AZR 355/13, AP Nr. 4 zu § 56 TVöD, ZTR 2015, 697 ff.; BAG 10.12.2014, 4 AZR 49/13, AP Nr. 53 zu §§ 22, 23 BAT Sozialarbeiter, ZTR 2015, S. 500 ff.)
- Mitarbeiter in der sog. Servicegruppe Innenstadt
  (BAG 07.07.2004, 4 AZR 507/03, AP Nr. 297 zu §§ 22, 23 BAT 1975 m. w. N.)

Dabei gilt es zu beachten, dass das BAG sich nicht der einzelfallbezogenen Sichtweise der Tarifvertragsparteien angeschlossen hat. So hat das BAG vielmehr in Bezug auf die beispielhaft genannten Arbeitsvorgänge entschieden:

Protokollerklärung zu § 12 Abs. 2 TVöD/TV-L
z. B.: ■ unterschriftsreife Bearbeitung **eines** Aktenvorgangs, **eines** Widerspruchs oder **eines** Antrags ■ Erstellung **eines** EKG ■ Fertigung **einer** Bauzeichnung

3

zu unterschriftsreife Bearbeitung **eines** Aktenvorgangs, **eines** Widerspruchs oder **eines** Antrags

Als Beispiel aus der Rechtsprechung des BAG kann der Sachbearbeiter „Heranziehung Unterhaltspflichtiger" angeführt werden (vgl. BAG 12.05.2004, 4 AZR 371/03, AP Nr. 301 zu §§ 22, 23 BAT 1975). Hier ging das BAG nicht von einem Arbeitsvorgang je Unterhaltsfall aus, sondern fasste alle Fälle der materiell-rechtlichen Prüfung der Voraussetzungen eines sogenannten Rückerstattungsanspruchs (210 bis 220 Fälle p. a.) zu einem Arbeitsvorgang zusammen. Davon als eigener Arbeitsvorgang abgetrennt wurde lediglich die gerichtliche Durchsetzung dieser Ansprüche (2 bis 3 Fälle p. a.).

zu Konstruktion **einer** Brücke oder **eines** Brückenteils:

Hier fasste das BAG alle Tätigkeiten der Bauoberleitung Brückenbauprojekte, nicht des einzelnen Brückenbauprojekts, zu einem Arbeitsvorgang zusammen (vgl. BAG 21.06.2000, 4 AZR 389/99, ZTR 2001, S. 125 ff.).

zu Bearbeitung **eines** Antrags:

Hier hat das BAG letztlich offengelassen, ob ein Arbeitsvorgang Wohngeldbearbeitung oder zwei Arbeitsvorgänge vorliegen:

1. Arbeitsvorgang: Prüfung von Erstanträgen (nicht jedes einzelnen Erstantrags)
2. Arbeitsvorgang: Prüfung von Folgeanträgen (nicht jedes einzelnen Folgeantrags)

(vgl. BAG 23.09.2009, 4 AZR 308/08, AP Nr. 40 zu §§ 22, 23 BAT-O)

Dies führt regelmäßig dazu, dass – entgegen dem in der Literatur geäußerten Willen der Tarifvertragsparteien zu einer einzelfallbezogenen Bildung und Bewertung von Arbeitsleistungen des Beschäftigten (vgl. Steinherr, a. a. O., siehe Fn. 3, 304; Clemens/Scheuring/Steingen, a. a. O., § 12 Rn. 216) – das BAG im Sinne der betriebswirtschaftlichen Grundlagen der Arbeitsbewertung vorgeht und Arbeitsvorgänge nicht nach den zu bearbeitenden Einzelfällen bildet. Maßgebend für die Bestimmung eines Arbeitsvorgangs ist vielmehr das Arbeitsergebnis. Das Arbeitsergebnis richtet sich nach der konkreten Tätigkeit des Mitarbeiters, nicht nach im Tarifvertrag beschriebenen Arbeitsergebnissen. Die tarifliche Wertigkeit der verschiedenen Einzeltätigkeiten oder Arbeitsschritte bleibt dabei zunächst außer Betracht. Erst nachdem die Bestimmung des Arbeitsvorgangs erfolgt ist, ist dieser anhand des in Anspruch genommenen Tätigkeitsmerkmals zu bewerten. Bei der Zuordnung zu einem Arbeitsvorgang können wiederkehrende und gleichartige Tätigkeiten zusammengefasst werden. Dabei kann die gesamte vertraglich geschuldete Tätigkeit einen einzigen Arbeitsvorgang ausmachen. Einzeltätigkeiten können jedoch dann nicht zusammengefasst werden, wenn die verschiedenen Arbeitsschritte von vornherein organisatorisch voneinander getrennt sind. Dafür reicht die theoretische Möglichkeit nicht aus, einzelne Arbeitsschritte oder Einzelaufgaben verwaltungstechnisch isoliert auf andere Beschäftigte übertragen zu können, solange sie nach der tatsächlichen Arbeitsorganisation des Arbeitgebers als einheitliche Arbeitsaufgabe einer Person real übertragen sind. Tatsächlich getrennt sind Arbeitsschritte nicht, wenn sich erst im Laufe der Bearbeitung herausstellt, welchen tariflich erheblichen Schwierigkeitsgrad der einzelne Fall aufweist (vgl. zu den Beispieltätigkeiten BAG 13.05.2015, 4 AZR 355/13, AP Nr. 4 zu § 56 TVöD; BAG 24.02.2016, 4 AZR 485/13, AP Nr. 6 zu § 56 TVöD m. w. N. auf die Rechtsprechung des BAG; siehe auch für die allgemeinen Tätigkeitsmerkmale: BAG 22.02.2017, 4 AZR 514/16, ZTR 2017, 352 ff.). 3

Dieses Vorgehen bereitet in der Praxis aber dann Probleme, wenn festgestellt wird, dass bei den innerhalb des Arbeitsvorgangs zu lösenden Aufgaben/Einzelfällen unterschiedliche Schwierigkeits- bzw. Verantwortungsgrade anfallen. Dazu hat das BAG am Beispiel des Wohngeldsachbearbeiters entschieden:

Der Grundsatz, dass Tätigkeiten, die tariflich unterschiedlich zu bewerten sind, nicht in einem Arbeitsvorgang zusammengefasst werden können, setzt die tatsächliche Trennbarkeit der verschiedenen Tätigkeiten voraus. Diese besteht zwischen der Bearbeitung von einfachen und derjenigen von schwierigen Wohngeldanträgen dann nicht, wenn die Bearbeitung von Wohngeldanträgen als einheitliche Arbeitsaufgabe einem Angestellten übertragen worden ist und sich jeweils erst im Laufe der Bearbeitung herausstellt, dass es sich um einen einfachen oder einen schwierigen Fall handelt. Es ist deshalb tarifwidrig, die tatsächliche Eingruppierung erst im Nachgang der Antragsbearbeitung durch Auszählen der bearbeiteten Vorgänge und ihrer Zuweisung zu dem einen oder dem anderen Schwierigkeitsgrad zu ermitteln (vgl. Leitsätze des BAG 23.09.2009, 4 AZR 308/08, AP Nr. 40 zu §§ 22, 23 BAT-O).

Tariflich bewertet werden also nicht die einzelnen Arbeitsschritte, sondern der Arbeitsvorgang. Deshalb bedarf es auch bei – unterstellter – unterschiedlicher Wertigkeit von Einzeltätigkeiten einer organisatorisch abgegrenzten Aufgabenübertragung, um sie verschiedenen Arbeitsvorgängen zuordnen zu können. Für die Bestim-
3 mung des Arbeitsvorgangs selbst ist die unterschiedliche tarifliche Wertigkeit einzelner Arbeitsschritte oder von Einzeltätigkeiten ohne unmittelbare Bedeutung (vgl. BAG 13.05.2015, 4 AZR 355/13, AP Nr. 4 zu § 56 TVöD; BAG 24.02.2016, 4 AZR 485/13, AP Nr. 6 zu § 56 TVöD m. w. N. auf die Rechtsprechung des BAG; BAG 13.05.2020, 4 AZR 173/19, ZTR 2020, S. 520 ff.; BAG 09.09.2020, 4 AZR 195/20, ZTR 2021, S. 71 ff.; siehe auch für die allgemeinen Tätigkeitsmerkmale: BAG 22.02.2017, 4 AZR 514/16, ZTR 2017, S. 352 ff.). Entscheidend für die Bestimmung des Arbeitsvorgangs ist also nicht, ob eine organisatorische Trennung theoretisch denkbar ist, sondern ob sie tatsächlich organisatorisch umgesetzt worden ist (BAG 21.08.2013, 4 AZR 933/11, AP Nr. 51 zu §§ 22, 23 BAT Sozialarbeiter).

6. Die Anzahl der Arbeitsvorgänge

Die Anzahl der Arbeitsvorgänge ist für die Bewertung ohne Bedeutung. Es ist möglich, dass auf einer Stelle nur ein Arbeitsvorgang anfällt. Das ist der Fall, wenn der Aufgabenkreis nicht weiter aufteilbar und einer rechtlichen Bewertung zugänglich ist (vgl. BAG 27.09.2017, 4 AZR 666/14, AP Nr. 5 zu § 16 TVöD; BAG 16.08.2023, 4 AZR 339/22, AP Nr. 19 zu § 12 TV-L). Mit dieser Feststellung ist noch nicht gesagt, welche tarifliche Wertigkeit die Stelle hat. Allerdings **kann** der Zuschnitt des Arbeitsvorgangs erhebliche Auswirkungen auf die Eingruppierung haben: Die korrekte Bildung von Arbeitsvorgängen ist für eine tarifgerechte Eingruppierung als erster Schritt also richtungsweisend und folglich von besonderer Bedeutung. Werden Arbeitsvorgänge fehlerhaft gebildet, beeinflusst und verfälscht dies die abschließende tarifliche Bewertung nachhaltig. Die Annahme eines einzigen Arbeitsvorgangs führt eher zu einer Höhergruppierung als die Aufteilung der Tätigkeiten in mehrere Arbeitsvorgänge. Je umfangreicher ein Arbeitsvorgang geschnitten ist, desto größer ist die Wahrscheinlichkeit, dass eine Tätigkeit eine Heraushebung aufweist; denn zum Erfüllen der tariflichen Anforderungen ist es ausreichend, wenn ein Merkmal innerhalb des Arbeitsvorgangs in einem rechtlich erheblichen Ausmaß vorliegt. Nicht erforderlich ist es, dass das Merkmal innerhalb eines Arbeitsvorgangs in dem von § 12 Abs. 1 Satz 4 TV-L bestimmten Maß erfüllt wird.

(vgl. LAG Köln 02.06.2022, 6 Sa 821/21, zit. nach WKRS 2022, 32964)

Es lassen sich drei Kategorien für das Vorliegen eines Arbeitsvorgangs ableiten:

Kategorien

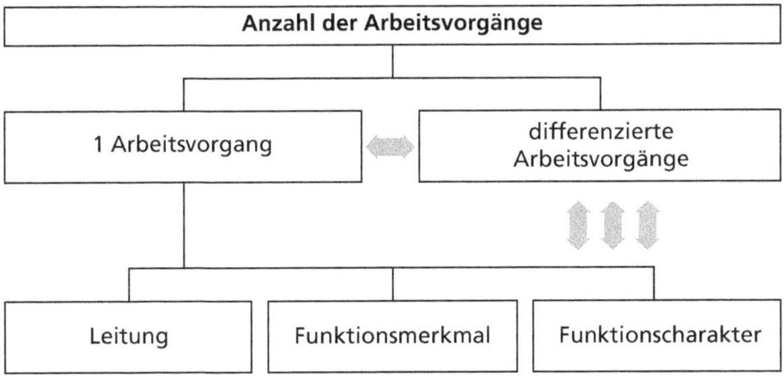

Quelle: IPW – Institut für PersonalWirtschaft GmbH

7. Leitung als einheitlicher Arbeitsvorgang

Leitungsaufgaben führen nach ständiger Rechtsprechung des BAG zu einem einheitlichen Arbeitsergebnis: der sachgerechten Leitung des übertragenen Zuständigkeitsbereichs. Unter Leitung ist dabei die Verbindung von Aufgaben der Planung, Organisation, Anweisung, Koordination und Kontrolle, also die organisatorische Gesamtzuständigkeit für die übertragene Aufgabe zu verstehen (vgl. BAG 16.05.2019, 6 AZR 93/18, AP Nr. 97 zu § 611 BGB Kirchendienst m. w. N.). Dabei können alle Tätigkeiten zusammengefasst werden, die diesem einheitlichen Arbeitsergebnis dienen (vgl. z. B. BAG 16.08.2023, 4 AZR 339/22, AP Nr. 19 zu § 12 TVöD; BAG 13.05.2020,
3 4 AZR 173/19, AP Nr. 1 zu § 12 TVöD, ZTR 2020, S. 520 ff.; BAG 29.01.2020, 4 ABR 8/18, AP Nr. 166 zu § 99 BetrVG 1972).

So nimmt die Rechtsprechung bei diesen Leitungstätigkeiten einen einheitlichen Arbeitsvorgang an:

- Amtsleitung des Schulverwaltungs- und Kulturamtes

  (LAG M-V 07.12.2021, 5 Sa 123/21 m. w. N., zit. nach WKRS 2021, 55811)

- Bezirksleitung der Familien- und Erziehungshilfe

  (LAG Köln 17.11.2014, 2 Sa 566/14, ZTR 2015, S. 271 ff.)

- Erste Sachbearbeitung in der ambulanten Forderungsabrechnung eines Krankenhauses

  (BAG 18.02.1998, 4 AZR 552/96, ZTR 1998, S. 321)

- Leitung der Datenverarbeitungszentrale einer Fachhochschule

  (LAG Hamm 06.11.2007, 12 Sa 904/07 und 12 Sa 1175/07)

- Leitung der Referatsgruppe „Gesundheitsschutz“

  (BAG 26.01.2005, 4 AZR 6/04, AP Nr. 302 zu §§ 22, 23 BAT 1975)

- Leitung des Eisstadions

  (BAG 04.07.2012, 4 AZR 673/10, AP Nr. 324 zu §§ 22, 23 BAT 1975)

- Leitung des Referats „Kulturelle Stadtteilarbeit, Bürgerhäuser“

  (BAG 19.02.2003, 4 AZR 265/02, NZA 2003, S. 1359 [O])

- Leitung eines Behindertenzentrums

  (BAG 07.05.2008, 4 AZR 303/07, AP Nr. 37 zu §§ 22, 23 BAT-O)

- Leitung eines Sozialzentrums

  (LAG NdS 04.02.2010, 3 Sa 54/09, zit. nach WKRS 2010, 28839)
- Leitung eines städtischen Kulturamtes

  (LAG Rh-Pf 17.02.2012, 9 Sa 617/11)
- Referent für die Beratungsseelsorge in der Offenen Tür

  (BAG 13.09.2006, 4 AZR 236/05, AP Nr. 48 zu § 611 BGB Kirchendienst)
- Sachgebietsleitung Finanzen und Abwicklung Grundstücksverkehr

  (BAG 16.08.2023, 4 AZR 339/22, AP Nr. 19 zu § 12 TVöD)
- Sachgebietsleitung im Kinder- und Jugendnotdienst

  (BAG 20.06.2001, 4 AZR 288/00)

Praxis-Tipp:

Leitung ist somit ein Arbeitsvorgang. Sachbearbeitertätigkeiten, die innerhalb des vom Beschäftigten geleiteten Bereichs durch diesen ausgeführt werden, sind Zusammenhangsarbeiten zur Leitungstätigkeit (vgl. BAG 13.05.2020, 4 AZR 173/19, AP Nr. 1 zu § 12 TVöD, ZTR 2020, S. 520 ff.; BAG 29.01.2020, 4 ABR 8/18, AP Nr. 166 zu § 99 BetrVG 1972).

Der Fall liegt anders, wenn der Beschäftigte zwei trennbare Bereiche leitet. Dann werden dementsprechend zwei Arbeitsvorgänge gebildet.

Beispiele:

- Leitung von zwei Stationen durch einen Oberarzt (BAG 16.05.2012, 4 AZR 300/10, ZTR 2012, S. 699 ff., AP Nr. 67 zu § 1 TVG Tarifverträge: Arzt; Eingruppierung Oberarzt nach TV-Ärzte Hessen)
- Stellvertretende Leitung der Volkshochschule und Fachbereichsleitung in der Volkshochschule (LAG Hamm 20.12.2002, 12 Sa 449/02, EzBAT §§ 22, 23 BAT B. 1 Allg. Verwaltungsdienst VergGr. IIa Nr. 12)

Die Frage, ob dieses Prinzip auch bei der Leitung ähnlicher Einheiten (hier von Kindertagesstätten) anzuwenden ist, hat das BAG wie folgt beantwortet:

§

BAG vom 12.12.2012

Bei der Leitung einer Kindertagesstätte handelt es sich um einen einheitlichen Arbeitsvorgang. Hat ein Mitarbeiter zwei Kindertagesstätten zu leiten, ist die Frage, ob ein oder zwei Arbeitsvorgänge vorliegen, wie folgt zu klären:

3 Zwei Arbeitsvorgänge liegen vor, wenn die Leitungstätigkeiten des Mitarbeiters nicht einheitlich für beide Kindertagesstätten erfolgen, sondern es sich bei den Kindertagesstätten jeweils um einzelne, örtlich, organisatorisch und haushaltsrechtlich getrennte Einrichtungen handelt.

Von einem Arbeitsvorgang bei der Leitung von zwei Kindertagesstätten kann nur dann ausgegangen werden, wenn die Tätigkeiten beider Kindertagesstätten einheitlich geplant und für beide Einrichtungen gemeinsam abgestimmt und koordiniert werden, der Mitarbeiter also während der Anwesenheit und Leitung in einer der Einrichtungen auch jeweils Fragen der anderen Einrichtung zu bearbeiten hätte. In Zeitabständen durchgeführte gemeinsame Dienstbesprechungen machen allein noch keine einheitliche Leitung der beiden Einrichtungen aus.

(vgl. BAG 12.12.2012, 4 AZR 199/11, AP Nr. 325 zu §§ 22, 23 BAT 1975)

Dass Leitungstätigkeiten im o. g. Sinne einen großen Arbeitsvorgang bilden, ist in Literatur und Praxis nicht unumstritten, obwohl die Rechtsprechung des BAG mehr als eindeutig ist (siehe z. B. zum Arbeitsvorgang allgemein Breier/Dassau/Faber/Hofmann, C 1.1 Rn. 81 ff.).

Praxis und Literatur scheinen insbesondere zu verkennen, wann der Arbeitsvorgang zu bilden ist. Der Arbeitsvorgang ist keine nachrangige Betrachtung bereits geleisteter Arbeit (vgl. z. B. BAG 23.09.2009, 4 AZR 308/08, AP Nr. 40 zu §§ 22, 23 BAT-O), sondern ist bereits vor Beginn der Arbeitsausführung zu bilden: Der Arbeitsvorgang gliedert die vom Arbeitgeber übertragene (auszuübende) Tätigkeit. Die Tätigkeitsübertragung an den Arbeitnehmer erfolgt dann vor Arbeitsbeginn durch den Arbeitgeber im Rahmen seines Direktionsrechts. Der Arbeitsvorgang ist damit letztlich nichts anderes als eine strukturierte Arbeitsvorgabe für den Arbeitnehmer.

Folgt man der Ansicht der Literatur (Breier/Dassau/Faber/Hofmann, C 1.1 Rn. 82 ff.), müsste der Arbeitgeber vor Tätigkeitsaufnahme dann klar vorgeben, wie lange zum Beispiel die Fertigung der Bauzeichnung dauern muss.

Da der öffentliche Dienst regelmäßig keine echte Personalbemessung vornimmt, erscheint diese Rechtsmeinung mehr als zweifelhaft. Sie geht nicht nur an der Wirklichkeit vorbei, sondern blendet letztlich auch die Rechtsprechung des BAG zur Bildung von Arbeitsvorgängen völlig aus. Vor allem, da das BAG wiederholt klargestellt hat, dass der Arbeitsvorgang kein unbestimmter Rechtsbegriff ist und damit der vollen inhaltlichen Kontrolle der Rechtsprechung unterliegt (BAG 16.08.2023, 4 AZR 339/22, AP Nr. 19 zu § 12 TVöD).

Das Problem für die Praktiker und Autoren wird deutlich, wenn man sich Folgendes vor Augen hält: Geht man bei Leitungstätigkeiten im Sinne der ständigen Rechtsprechung von einem Arbeitsvorgang aus, umfasst dieser 100 Prozent der Gesamtarbeitszeit. Dieser ist einheitlich zu bewerten. Er darf nicht mehr aufgespalten werden (sog. Atomisierungsverbot, zu den Einzelheiten siehe auch Kapitel 3.3.).

Für die tarifliche Wertigkeit dieses Arbeitsvorgangs spielen damit nur Tätigkeitsmerkmale eine Rolle, die zu mindestens 50 Prozent der Gesamtarbeitszeit vorliegen müssen. Tätigkeitsmerkmale, die einen geringen Anteil (20 Prozent, 1/3) fordern, müssen außer Acht bleiben. Veranschaulichen soll das ein Beispiel aus der Rechtsprechung:

LAG Köln vom 17.11.2014

Der Arbeitgeber hat den Leiter eines Bezirks der Familien- und Erziehungshilfe nach Entgeltgruppe S 15 (1/3 besondere Schwierigkeit und Bedeutung) eingruppiert. Da Leitung einen Arbeitsvorgang und damit 100 Prozent der Gesamttätigkeit ausmacht, entschied das Gericht, dass der Leiter nicht in S 15, sondern in S 17 eingruppiert ist.

(vgl. LAG Köln 17.11.2014, 2 Sa 566/14, ZTR 2015, S. 271 ff.)

8. Funktionsmerkmal als einheitlicher Arbeitsvorgang

Von einem einheitlichen Arbeitsvorgang ist auszugehen, wenn der Tarifvertrag sogenannte Funktionsmerkmale (Beispielstätigkeiten) enthält. Alle zu diesem Funktionsmerkmal gehörenden Einzeltätigkeiten kennzeichnen einen einheitlichen Arbeitsvorgang (vgl. z. B. BAG 16.05.2019, 6 AZR 93/18; AP Nr. 97 zu § 611 BGB Kirchendienst; BAG 19.10.2022, 4 AZR 500/21, AP Nr. 17 zu § 12 TVöD; BAG 25.08.2010, 4 AZR 5/09, AP Nr. 315 zu §§ 22, 23 BAT 1975).

3 §

BAG vom 19.10.2022

Wird die Tätigkeit durch ein solches *(Funktionsmerkmal)* erfasst, ist regelmäßig von einem einheitlichen Arbeitsergebnis und damit einem einheitlichen Arbeitsvorgang auszugehen, solange nicht die verschiedenen Arbeitsschritte von vornherein auseinandergehalten und organisatorisch voneinander getrennt sind und zu einem unterschiedlichen Arbeitsergebnis führen.

(BAG 19.10.2022, 4 AZR 500/21, AP Nr. 17 zu § 12 TVöD m. w. N.; *Ergänzung durch die Verfasser*)

Das Vorliegen eines Arbeitsvorgangs bei Funktionsmerkmalen ist von dem Gedanken geprägt, dass die übertragene Aufgabe (= Funktion) das Arbeitsergebnis prägt. Maßstab für das Vorliegen eines Arbeitsvorgangs ist damit stets die **Tätigkeit „in dieser Funktion"**. Sieht der tatsächliche Arbeitsablauf aber so aus, dass verschiedene Arbeitsschritte von vornherein auseinandergehalten und organisatorisch voneinander getrennt sind und zu unterschiedlichen Arbeitsergebnissen führen, liegen auch unterschiedliche Arbeitsvorgänge vor (vgl. BAG 09.09.2020, 4 AZR 161/20, AP Nr. 4 zu § 12 TVöD, Rn. 26).

Beispiele für Funktionsmerkmale sind:

- Fernschreiber

  (BAG 06.12.2006, 4 AZR 659/05, AP Nr. 303 zu §§ 22, 23 BAT 1975)

- Gruppenleitung bei Gerichten

  (BAG 24.01.2024, 4 AZR 114/23, AP Nr. 13 zu § 12 TV-L)

- Handwerksmeister

  (LAG Nürnberg 09.10.2019, 2 Sa 190/19, zit. nach WKRS 2019, 53633)

- (Schul-)Hausmeister

  (BAG 06.08.2003, 4 AZR 445/02; BAG 19.10.2022, 4 AZR 470/21, AP Nr. 16 zu § 12 TVöD, ZTR 2023, S. 211 ff.; BAG 19.10.2022, 4 AZR 500/21, AP Nr. 17 zu § 12 TVöD, ZTR 2023, S. 215 ff.)

- Lagerverwaltung bzw. Führung eines Materiallagers

  (BAG 15.09.2004, 4 AZR 396/03, AP Nr. 298 zu §§ 22, 23 BAT 1975)

- Leitende Stationsschwester

  (BAG 15.02.2006, 4 AZR 66/05, ZTR 2006, S. 538)

- Materialdisponent

  (BAG 05.07.2006, 4 AZR 355/05, AP Nr. 102 zu §§ 22, 23 BAT)

- (Ober-)Arzt

  (BAG 05.11.2003, 4 AZR 632/02, AP Nr. 83 zu § 256 ZPO 1977; BAG 16.05.2012, 4 AZR 300/10, AP Nr. 67 zu § 1 TVG Tarifverträge: Arzt)

- Praxisanleitung

  (BAG 09.09.2020, 4 AZR 161/20, AP Nr. 4 zu § 12 TVöD; BAG 17.03.2021, 4 AZR 218/20, AP Nr. 7 zu § 12 TVöD)

- Rettungsassistent

  (BAG 29.11.2001, 4 AZR 736/00, AP Nr. 288 zu §§ 22, 23 BAT 1975)

- Schichtleitung

  (BAG 16.05.2019, 6 AZR 93/18, AP Nr. 97 zu § 611 BGB Kirchendienst)

- Sportlehrer an Bundeswehrschulen

  (BAG 07.06.2006, 4 AZR 225/05)

- Stationsleitung

  (BAG 29.01.2020, 4 ABR 8/18, AP Nr. 166 zu § 99 BetrVG 1972; BAG 13.05.2020, 4 AZR 173/19, AP Nr. 1 zu § 12 TVöD)

- Wohnbereichsleitung in einem Pflegeheim als Stationsleitung

  (BAG 27.04.2022, 4 ABR 25/21, AP Nr. 13 zu § 12 TVöD)

9. Tätigkeiten mit Funktionscharakter

Einen großen Arbeitsvorgang bilden auch Tätigkeiten, die einen Funktionscharakter aufweisen und damit einem einheitlichen Arbeitsergebnis dienen.

Leitungstätigkeiten haben regelmäßig den Charakter eines Funktionsmerkmals, so bei einer

- Leitung einer Schulbibliothek

  (BAG 11.02.2004, 4 AZR 42/03, AP Nr. 296 zu §§ 22, 23 BAT 1975)

Wichtigstes Beispiel darüber hinaus sind die Mitarbeiter, deren Aufgabe die Betreuung von Personen ist, insbesondere bei Sozialpädagogen oder Erziehern. Bei diesen Tätigkeiten werden in der Regel keine verwertbaren Teilergebnisse erzielt. Die Aufteilung der Tätigkeit würde zu einer unangemessenen Atomisierung führen (vgl. BAG 17.06.2015, 4 AZR 371/13, AP Nr. 5 zu § 56 TVöD).

Als Beispiele können genannt werden:

- Amtsvormundschaft/Pflegschaft

  (BAG 24.02.2021, 4 AZR 269/21, AP Nr. 8 zu § 12 TVöD)

- Aufsicht über Kindertageseinrichtungen (Erlaubniserteilungsverfahren nach § 45 SGB VIII, örtliche Prüfungen nach § 46 SGB VIII, Überwachung der Meldepflichten nach § 47 SGB VIII)

  (LAG Schleswig-Holstein 07.02.2007, 6 Sa 279/05, zit. nach Reidelbach/Wieland/Fattler, A 328 XXXV.)

- Betreuung einer integrativen Kindergartengruppe durch einen Heilpädagogen

  (BAG 27.09.2017, 4 AZR 666/14, AP Nr. 5 zu § 16 TVöD)

- Betreuung psychisch Kranker

  (BAG 25.10.1995, 4 AZR 495/94, AP Nr. 21 zu §§ 22, 23 BAT Sozialarbeiter)

- Betreuung schulpflichtiger Kinder auf einer Station eines psychiatrischen Krankenhauses

  (BAG 13.11.2019, 4 AZR 490/18, Rn. 53, AP Nr. 9 zu § 56 TVöD, ZTR 2020, S. 285 ff.)

- Betreuung zugewiesener Personen durch einen Behördenbetreuer

  (BAG 30.09.1998, 4 AZR 539/97, AP Nr. 257 zu §§ 22, 23 BAT 1975)

- Bezirkssozialarbeiter mit Tätigkeiten nach S 14

  (BAG 13.05.2015, 4 AZR 355/13, AP Nr. 4 zu § 56 TVöD, ZTR 2015, S. 697 ff.; BAG 10.12.2014, 4 AZR 49/13, AP Nr. 53 zu §§ 22, 23 BAT Sozialarbeiter, ZTR 2015, S. 500 ff.)

- Diplom-Pädagoge in einer Erziehungsberatungsstelle

  (BAG 08.09.1999, 4 AZR 688/98, NZA 2000, S. 378, AP Nr. 271 zu §§ 22, 23 BAT 1975)

- Erzieherin in der Frühförderung

  (BAG 22.03.1995, 4 AZR 30/94, AP Nr. 195 zu §§ 22, 23 BAT 1975)

- Sozialarbeiter im sozialpsychiatrischen Dienst

  (BAG 18.03.2015, 4 AZR 59/13, AP Nr. 52 zu §§ 22, 23 BAT Sozialarbeiter; ZTR 2015, S. 503 ff.; BAG 17.06.2015, 4 AZR 371/13, AP Nr. 5 zu § 56 TVöD)

- Sozialarbeiter in der Adoptionsvermittlung

  (BAG 24.02.2016, 4 AZR 485/13, AP Nr. 6 zu § 56 TVöD)

- Sozialarbeiter im Pflegekinderdienst

  (BAG 24.02.2016, 4 AZR 355/13, AP Nr. 6 zu § 56 TVöD)

- Sozialarbeiter in der Jugendgerichtshilfe

  (BAG 10.12.2014, 4 AZR 49/13, AP Nr. 53 zu §§ 22, 23 BAT Sozialarbeiter)

- Sozialarbeiter in der Schuldner- und Verbraucherinsolvenzberatung

  (BAG 20.05.2009, 4 AZR 184/08, AP Nr. 12 zu § 1 TVG Tarifverträge: Arbeiterwohlfahrt)

- Sozialberater in einer Altenwohnanlage

  (BAG 24.09.1997, 4 AZR 431/96, ZTR 1998, S. 79, AP Nr. 226 zu §§ 22, 23 BAT 1975)

- Sozialpädagoge in der Drogenentwöhnungsbehandlung

  (BAG 22.03.1995, 4 AZR 71/94, AP Nr. 194 zu §§ 22, 23 BAT 1975)

Das gilt aber auch im allgemeinen Verwaltungsbereich:

- Archivar

  (LAG Rheinland-Pfalz 27.10.2022, 5 Sa 79/22, zit. nach WKRS 2022, 65913)

- Brandschutzbeauftragter

  (LAG Hamm 25.09.2009, 19 Sa 820/09)

- Durchführung der Heimaufsicht

  (BAG 29.06.1988, 4 AZR 139/88)

3
- Fallmanager in einem Jobcenter (Beratung und sozialhilferechtliche Betreuung von jungen Erwachsenen mit dem Ziel einer (Wieder-)Erlangung der Erwerbsfähigkeit)

  (BAG 21.03.2012, 4 AZR 292/10, AP Nr. 322 zu §§ 22, 23 BAT 1975; BAG 22.06.2022, 4 AZR 495/21, AP Nr. 8 zu § 12 TV-L)

- Frauen-/Gleichstellungsbeauftragte

  (BAG 16.10.2002, 4 AZR 579/01, AP Nr. 294 zu §§ 22, 23 BAT 1975; BAG 20.03.1991, 4 AZR 471/90, AP Nr. 156 zu §§ 22, 23 BAT 1975; NRW § 15 Bestellung; BayGlG Art. 15 Bestellung)

- Gutachter im Bereich des Versorgungs- und Schwerbehindertenrechts

  (BAG 06.08.2003, 4 AZR 443/02, AP Nr. 25 zu §§ 22, 23 BAT-O, zit. nach Reidelbach/Wieland/Fattler, A 325 VIII.)

- Sachbearbeiter für Unterhaltssachen im Jugendamt

  (Thür. LAG 17.05.2001, 1 Sa 178/99, zit. nach Reidelbach/Wieland/Fattler, A 321 XXX.)

- Schuluntersuchungen einer Schulärztin in der Abteilung „Schul- und Jugendärztlicher Dienst"

  (BAG 19.01.2000, 4 AZR 837/98, EzBAT §§ 22, 23 BAT B. 4 Ärzte Vergütungsgruppe Ib Nr. 9)

- Service-Agent am Flughafen

  (BAG 13.12.2023, 4 AZR 317/22, AP Nr. 21 zu § 12 TVöD)

- Tätigkeit einer Mitarbeiterin in einer sogenannten „Servicegruppe Innenstadt“, die die Beachtung des Ordnungsrechts sicherstellen soll

  (BAG 07.07.2004, 4 AZR 507/03, AP Nr. 297 zu §§ 22, 23 BAT 1975; bestätigt: BAG 21.03.2012, 4 AZR 266/10, ZTR 2012, S. 440 ff., AP Nr. 317 zu §§ 22, 23 BAT 1975)

- Tierschutzbeauftragter

  (BAG 25.08.2010, 4 AZR 5/09, AP Nr. 315 zu §§ 22, 23 BAT 1975)

- Verfahrensabschließende Verbescheidung einzelner Ordnungswidrigkeiten einschließlich des Außendienstes im Rahmen der Überwachung des Straßenreinigungs- und Winterdienstes

  (LAG Sachsen-Anhalt 03.06.2003, 3 (7) Sa 25/02 E, zit. nach Reidelbach/Wieland/Fattler, A 321 XXXV.)

- Wachpolizist im Objektschutz

  (BAG 30.11.2022, 4 AZR 195/22, AP Nr. 48 zu §§ 22, 23 BAT-O)

- Zusortieren und Einscannen von Bauakten nach vorgegebenen Kriterien

  (LAG Rh-Pf 13.01.2012, 9 Sa 486/11)

3

Einen Arbeitsvorgang bilden folgende technisch geprägten Tätigkeiten:

- Bauoberleitung als Aufsicht über die örtliche Bauüberwachung

  (BAG 21.06.2000, 4 AZR 389/99, ZTR 2001, S. 125 ff.)

- Durchführung von Genehmigungsverfahren nach dem BImSchG

  (LAG M-V 28.08.2018, 5 Sa 203/17, zit. nach WKRS 2018, 12004)

- Fachkraft für Arbeitssicherheit

  (BAG 25.01.2017, 4 AZR 379/15, AP Nr. 3 zu § 12 TV-L; LAG Hamm 01.03.2023, 3 Sa 854/22, ZTR 2024, S. 444 ff.).

- Mitarbeit bei Entwicklungs- und Versuchsarbeiten im verpackungstechnischen Versuchsfeld als Mitarbeiter im Versuchslabor einer Universität

  (BAG 08.11.2006, 4 AZR 620/05, AP Nr. 304 zu §§ 22, 23 BAT 1975)

- Prüfstatiker im Bauordnungs- und Planungsamt eines Kreises

  (LAG Hamm 23.11.1994, 18 Sa 1874/92, zit. nach Reidelbach/Wieland/Fattler, A 330 XII.)

10. Differenzierte Arbeitsvorgänge

Demgegenüber stellen folgende Tätigkeiten getrennte Arbeitsvorgänge dar:

- Controllingtätigkeit (3 Arbeitsvorgänge: Beteiligungs-Controlling, Projekt Kosten- und Leistungsrechnung, allgemeine betriebswirtschaftliche Aufgaben)

  (LAG Niedersachsen 29.04.2002, 8 Sa 1049/01 E, zit. nach Reidelbach/Wieland/Fattler, A 321 XXXI.)

- krankengymnastische Behandlung (1. Arbeitsvorgang: „normale" krankengymnastische Behandlung, 2. Arbeitsvorgang: „schwierige Aufgaben")

  (BAG 14.01.2004, 4 AZR 1/03, AP Nr. 10 zu §§ 22, 23 BAT Krankenkassen)

- Sachbearbeitung in der unteren Naturschutzbehörde:

  1. Arbeitsvorgang: Abgabe naturschutzrechtlicher Stellungnahmen in übergeordnet geführten Genehmigungsverfahren;

  2. Arbeitsvorgang: Entscheidungen über naturschutzrechtliche Angelegenheiten in eigener Zuständigkeit. Die jeweiligen Arbeitsergebnisse lassen sich voneinander trennen und einem der beiden Bereiche zuordnen. Wenn auch das Schutzgut jeweils dasselbe ist, so bleibt es dennoch bei verschiedenen verwaltungstechnischen Vorgängen. Die Tätigkeiten münden je nach Zuständigkeit in unterschiedliche Ergebnisse.

  (vgl. LAG M-V 28.04.2020, 5 Sa 119/19, ZTR 2020, S. 588 ff.)

- Sachbearbeiter im Integrationsamt:

  1. Arbeitsvorgang: Ermittlungen, Verhandlungen, Vereinbarungen und Entscheidungen nach Kapitel 4 SGB IX (Kündigungsschutz)

  2. Arbeitsvorgang: Arbeits- und Berufsförderung

  3. Arbeitsvorgang: Prävention/begleitende Hilfe im Arbeitsleben

4. Arbeitsvorgang: Sonstige Aufgaben (Schulungs- und Bildungsveranstaltungen gemäß § 102 Abs. 2 SGB IX, Integrationsvereinbarungen gemäß § 83 SGB IX, Wahl der Schwerbehindertenvertretung gemäß § 94 SGB IX – Anmerkung der Verfasser: Worin hier das einheitliche Arbeitsergebnis liegen soll, wurde leider nicht begründet)

(BAG 19.05.2010, 4 AZR 912/08, AP Nr. 314 zu §§ 22, 23 BAT 1975 m. w. N.)

- stationäre und ambulante sozialpädagogische Betreuung in einer Klinik

  (LAG Nürnberg 13.03.2001, 6 Sa 41/00, zit. nach Reidelbach/Wieland/Fattler, A 328 XXXIII.)

- Sachbearbeitung Widersprüche und Klagen beim Jobcenter:
  Es liegen folgende vier Arbeitsvorgänge vor:

  1. Bearbeitung von Widerspruchsverfahren im Rechtskreis des SGB II
  2. Bearbeitung von Klageverfahren im Rechtskreis des SGB II
  3. Erstellung von Bescheidmustern und Textvorlagen
  4. Prüfung von Regressansprüchen gemäß §§ 116, 102 ff. SGB X (Erstattungsansprüche) und ggf. Vorbereitung der gerichtlichen Durchsetzung

  (LAG M-V 26.07.2016, 5 Sa 226/15; zit. nach WKRS 2016, 25458)

- Betriebswirtschaftliche Beratung von Handwerksbetrieben

  1. Arbeitsvorgang: Betriebswirtschaftliche Beratung von Handwerksbetrieben und Existenzgründern (80%)

  2. Arbeitsvorgang: Durchführung von Mediationen (5%)

  3. Arbeitsvorgang: Netzwerkarbeit (15%)

  (vgl. LAG M-V 22.03.2022, 5 Sa 169/21; zit. nach WKRS 2022, 15306)

- Schulsekretärin am Berufskolleg

  1. Arbeitsvorgang: Unterstützung der Schulleitung (65%)

  2. Arbeitsvorgang: Verwaltung des Schulbudgets (35%)

  (vgl. LAG Hamm 10.08.2022, 3 Sa 1592/21 m. w. N., ZTR 2023, S. 97 ff.)

3

- Verwaltungsmitarbeiterin im Museum

  1. Arbeitsvorgang: Erledigen von buchhalterischen Aufgaben (40%)

  2. Arbeitsvorgang: Lohnabrechnung und Lohnbuchhaltung (20%)

  3. Arbeitsvorgang: Betreuung der Mitarbeiter des Museums in Personalangelegenheiten (40%)

  (vgl. LAG M-V 19.01.2022, 5 TaBV 4/21, ZTR 2022, S. 237 ff.)

- Pflegefachkraft

  3

  1. Arbeitsvorgang: Patientenversorgung auf der Station

  2. Arbeitsvorgang: Praxisanleitung

  (vgl. BAG 09.09.2020, 4 AZR 161/20, AP Nr. 4 zu § 12 TVöD)

11. Die neue Tendenz in der Rechtsprechung

In der Vergangenheit tendierte die Rechtsprechung zum großen Arbeitsvorgang oder sogar zur „Pauschalbewertung". Möglicherweise rückt das BAG von dieser Sichtweise ab, um mehr Wert auf differenzierte Arbeitsvorgänge zu legen (Gamisch/Mohr, gEG, IV B.7.11, S. 1 ff. m. w. N.; kritisch Schaub/Linck, § 183 Rn. 50, Fußnote 151).

Bei der Tätigkeit eines Kreisjugendpflegers führte das BAG aus, diese müsse, ausgehend vom jeweiligen Arbeitsergebnis, in verschiedene Tätigkeiten zerlegt werden (vgl. BAG 08.09.1999, 4 AZR 609/98, NZA-RR 2000, S. 272, ZTR 2000, S. 175, AP Nr. 270 zu §§ 22, 23 BAT 1975). Die Tätigkeit der „Heranziehung Unterhaltspflichtiger" einer Sachbearbeiterin in einem Sozial- und Jugendamt im Sachgebiet „Wirtschaftliche Jugendhilfe/Unterhaltsvorschuss" wurde vom Gericht in zwei Arbeitsvorgänge getrennt:

1. materiell-rechtliche Prüfung der Voraussetzungen eines sogenannten Rückersatzanspruchs
2. gerichtliche Durchsetzung

(vgl. BAG 12.05.2004, 4 AZR 371/03, AP Nr. 301 zu §§ 22, 23 BAT 1975)

Noch deutlicher wird die Unterscheidung in der sogenannten Fluggastkontrolleurentscheidung (BAG 31.07.2002, 4 AZR 129/01, AP Nr. 291 zu §§ 22, 23 BAT 1975). Laut „Tätigkeitsdarstellung und -bewertung" hatte der Mitarbeiter als „Durchsuchungskraft" mit der

„Aufgabenbeschreibung Durchführen von Personen-, Handgepäck-, Reisegepäck- und Frachtkontrollen" folgende Aufgaben:

5.1 Kontrolle von Personen mittels Handsonde oder Abtasten der Bekleidung des Körpers (36,5 %):

- Identifizierung/Klassifizierung aller am Körper befindlichen Gegenstände
- Bewertung aufgefundener Gegenstände als gefährlich/ungefährlich
- Trennung gefährlicher Gegenstände vom Passagier
- Zuführung nicht abschließend bewertbarer Gegenstände zu weiteren Kontrollverfahren
- Vermeidung des Zugriffs des Passagiers auf gefundene Waffen und Sprengmittel durch körperlichen Einsatz

5.2 Kontrolle von Hand-/Reisegepäck, Frachtgut, Fundsachen sowie herrenlosen Gegenständen und Gepäckstücken mittels Röntgengerät; Untersuchung technischer Geräte einschl. Funktionsprüfung (24,5 %):

- Identifizierung/Klassifizierung von Inhaltsteilen/üblicher Reisegebrauchsgegenstände anhand ihrer abgebildeten inneren Struktur durch Vergleich mit Erfahrungswerten
- Bewerten der aufgefundenen Gegenstände/Strukturen als gefährlich/ungefährlich
- Zuführung nicht abschließend bewertbarer Gepäckstücke zu weiteren Kontrollverfahren
- Strukturanalyse technischer Geräte (Bewertung technischer Geräte oder Behältnisse hinsichtlich des Einbaus von Bauelementen, welche in Spreng- und Brandvorrichtungen verwandt werden)
- Inhaltskontrolle verschlossener Behältnisse oder schwer zugänglicher Hohlräume mittels GPA
- Gewichtsvergleich von technischen Geräten und Leergepäckstücken
- Manuelle Datenerfassung von Vergleichsgewichten
- Funktionsproben hoch integrierter elektronischer Geräte (z. B. Laptop, Camcorder, Funktelefon)

5.3 Manuelle Nachkontrolle von Hand- und Reisegepäck entsprechend den vorgegebenen Quoten des Rahmenplans Luftsicherheit (31 %)

5.4 Untersuchung technischer Geräte, verdächtiger Substanzen und Gepäckstücke mittels Sprengstoffspürgerät (EGIS-Gerät) (4 %):

- Probenentnahme und Durchführung der Analyse am Sprengstoffspürgerät EGIS
- Bewertung der Kontrollergebnisse hinsichtlich des Vorliegens von Sprengstoff durch

  - Vergleich mit Erfahrungswerten
  - Vergleich mit Vergleichsdiagrammen
- Durchführung der täglichen technischen Wartung des Analysegerätes
- Durchführung von Einstellungen/Eichungen am Analysegerät

5.5 Untersuchung von Frachtgut (4 %)

Das BAG erkannte, wie bereits das LAG BW als Vorinstanz, fünf Arbeitsvorgänge. Es könne nicht von einem einheitlichen Arbeitsvorgang ausgegangen werden.

3

§ **BAG vom 31.07.2002**

Der Flugpassagier zeige zunächst am „Eingang" des Flughafenbereichs dem Kontrolleur A das Ticket vor. Werde es nicht beanstandet, dürfe er den weiteren Bereich betreten. Dort lege er das sogenannte Handgepäck auf das zu einem (Röntgen-)Kontrollgerät führende (Förder-)Band ab. Dieses werde sodann vom Kontrolleur B in Lauf gesetzt und das Gepäckstück werde unter währender Kontrolle durch das Gerät hindurchgeführt. Entsprechend werde mit Mänteln, Jacken und ähnlichen Bekleidungsteilen verfahren, wobei in den hierfür benutzten Plastikbehälter auch der sogenannte Tascheninhalt (Schlüsselbund, Münzgeld u. a.) gelegt werde. Diese Gegenstände würden von dem Kontrolleur C überprüft. Der Fluggast selbst stelle sich einer weiteren Person D, welche die sogenannte Personenkontrolle vornehme. Sodann begebe er sich zu seinem Handgepäck sowie den in den Plastikbehälter gelegten weiteren Gegenständen und habe einer abermals weiteren Kontrollperson E – ggf. – ein mitgeführtes „technisches Gerät", z. B. Fotoapparat, Kamera vorzuführen.

(BAG 31.07.2002, 4 AZR 129/01, AP Nr. 291 zu §§ 22, 23 BAT 1975)

Das BAG bestätigte die Entscheidung des LAG BW, wonach jede dieser Tätigkeiten ein eigenständiges Ergebnis habe, nämlich die Kontrolle von Handgepäck, Kleidung und Tascheninhalt, „technischem Gerät" und Person des Fluggastes.

Die Trennung entspreche einer vernünftigen Verwaltungsübung, weil die Aufteilung zu einer Beschleunigung der Kontrolle führe. Die Aufgaben stellten unterschiedliche Anforderungen an den Mitarbeiter und seien eigenständig bewertbar. Unschädlich sei, dass alle Arbeitsvorgänge „einem übergeordneten Sicherheitsziel" (BAG, a. a. O.) dienen. Denn jeder Kontrollschritt führe zu der Entscheidung, ob von dem Fluggast oder einer seiner Sachen eine Gefahr ausgehe und ob ggf. ein Polizeibeamter hinzugezogen werden müsse. Insofern liege bei jedem Kontrollschritt ein verwertbares Zwischen- bzw. ein Arbeitsergebnis vor.

Wichtig: Der tatsächliche Arbeitsablauf des einzelnen Mitarbeiters besteht im Rahmen des Dienstes also immer nur aus einer der Kontrolltätigkeiten A, B, C, D oder E.

Praxis-Tipp:

Für die Arbeit der Organisatoren und Personaler ist es wichtig, auf Änderungen in der Rechtsprechung zu reagieren. Anderenfalls droht ein Kontrollverlust über die Eingruppierung.

Diese Tendenz wurde in weiteren Entscheidungen bestätigt: Im Versuchslabor einer Universität sind Tätigkeiten im verpackungstechnischen Versuchsfeld von der Anfertigung von Apparaten für Lehr- und Forschungsaufgaben, der Reparatur von vorhandenen Versuchseinrichtungen und der Lehrlingsausbildung zu unterscheiden (vgl. BAG 08.11.2006, 4 AZR 620/05, ZTR 2007, S. 381, AP Nr. 304 zu §§ 22, 23 BAT 1975).

Die Tätigkeit eines Sachbearbeiters eines Landeskriminalamtes gliedert sich in verschiedene Arbeitsvorgänge, die jeweils zu einem bestimmten abtrennbaren Arbeitsergebnis führen: Verwahrung Festgenommener, Vorgangsbearbeitung, erkennungsdienstliche Maßnahmen, Vertretung des Schichtführers (vgl. BAG 06.06.2007, 4 AZR 505/06, AP Nr. 308 zu §§ 22, 23 BAT 1975).

Bei der Stelle eines Dipl.-Sozialpädagogen, der im Fachdienst Gesundheit folgende Aufgaben wahrzunehmen hat:

3

Lfd. Nr.	Aufgabe	Zeit-anteil
1.	Aufgaben nach dem Betreuungsbehördengesetz (BtBG), wie planmäßige Beratung und Unterstützung von Betreuern, Anregung und Förderung von Tätigkeiten einzelner Personen sowie von gemeinnützigen und freien Organisationen zugunsten Betreuungsbedürftiger, Gewinnung geeigneter Betreuer; Vorschlag an das Vormundschaftsgericht; Einführung in ihre Aufgabe, Unterstützung des Vormundschaftsgerichts durch Feststellung von Sachverhalten, die das Gericht für klärungsbedürftig hält. Verwaltungsvollzugsbeamtentätigkeit bzgl. aller Dienstaufgaben des Teams mit Anwendung von körperlichen und rechtlichen Zwangsmitteln	75 %
2.	Aufgaben nach dem Gesetz über die Angelegenheiten der freiwilligen Gerichtsbarkeit (FGG), wie Mitwirkung bei der Anhörung Betroffener durch das Vormundschaftsgericht bei einstweiliger Anordnung über die Bestellung eines vorläufigen Betreuers oder bei dem Ausspruch eines vorläufigen Einwilligungsvorbehalts. Vorführung Betroffener zur Untersuchung zum Zweck der Erstellung eines Gutachtens oder eines ärztlichen Zeugnisses. Vorführung Betroffener zur Anhörung beim Vormundschaftsgericht	5 %
3.	Aufgaben nach dem Bürgerlichen Gesetzbuch (BGB), sofern die Betreuungsbehörde zum Betreuer bestellt wurde, wie Einleitung der Betreuung; Kontaktaufnahme mit den Betreuten, deren Umwelt, Familie, Arbeitgeber etc., Feststellung der persönlichen und wirtschaftlichen Verhältnisse; Kontaktaufnahme und Zusammenarbeit mit bisher betreuenden Stellen und in Zukunft einzuschaltenden Stellen und Bezugspersonen, wie freie Wohlfahrtsverbände, Ärzte, Beratungsstellen etc.	20 %

entschied das BAG, dass alle drei Aufgaben auch eigene Arbeitsvorgänge darstellen:

Die Tätigkeiten der Aufgabe 1. bilden einen eigenen Arbeitsvorgang, da hier Aufgaben nach dem Betreuungsbehördengesetz (BtBG) wahrgenommen werden, die für die ordnungsgemäße Durchführung von Betreuungen allgemein von Bedeutung sind, ohne dass sie direkt der Tätigkeit eines Betreuers zuzurechnen sind. Das zusammenzufassende Arbeitsergebnis dieses Arbeitsvorgangs ist die Unterstützung von Betreuungen und Betreuern sowie des Vormundschaftsgerichts im Interesse des Betroffenen, jedoch außerhalb einer eigenen Betreuungstätigkeit.

Im Rahmen der Aufgabe/des Arbeitsvorgangs 3. nimmt der Mitarbeiter Mitwirkungsrechte und -pflichten im Betreuungsverfahren selbst wahr, soweit die Behörde nach § 1900 Abs. 4 BGB zum Betreuer bestellt worden ist. Das Arbeitsergebnis dieses Arbeitsvorgangs ist die Durchführung einer rechtmäßig übertragenen Betreuung, das heißt die Besorgung der fremden Angelegenheiten der betreuten Personen selbst. Sie ist auch formell hinreichend abgegrenzt, da bei dieser Tätigkeit jeweils im Einzelfall die gerichtliche Bestellung der Behörde als Betreuer vorangehen muss (vgl. BAG 10.12.2014, 4 AZR 773/12, ZTR 2015, S. 646 ff.).

Wichtig: Die Bildung mehrerer differenzierter Arbeitsvorgänge hängt durchgängig daran, dass den Mitarbeitern thematisch/inhaltlich unterschiedliche Aufgabenstellungen übertragen wurden, die auch nicht zu einem einheitlichen Arbeitsablauf führen.

Wechselt die Themenstellung hingegen nicht, wie z. B. die Bearbeitung von Ordnungswidrigkeitenverfahren gegen Gebietsfremde bei einem Sachbearbeiter im Bundesamt für Güterverkehr, bilden Erstbescheidung und die Prüfung von Einsprüchen und Kostenfestsetzungsbescheiden dazu einen gemeinsamen Arbeitsvorgang. Arbeitsergebnis der Prüfung ist die Frage, ob eine Ordnungswidrigkeit vorliegt und ob bzw. wie diese verfahrensmäßig verfolgt wird. Die Tätigkeit ist dabei auf den Abschluss des Bußgeldverfahrens im Rahmen der Verwaltungszuständigkeit des Bundesamts für Güterverkehr gerichtet. Abgeschlossen ist das Verfahren erst nach der Entscheidung über einen etwaigen Einspruch (vgl. BAG 09.12.2015, 4 AZR 11/13, RiA 2016, S. 258 ff.).

12. Die Bildung von Arbeitsvorgängen im ehemaligen Arbeiterbereich

Auf Basis der objekt-/einzelfallbezogenen Auffassung der Tarifvertragsparteien zum Arbeitsvorgang gemäß Protokollerklärung zum TV-L, TVöD-Bund bzw. TVöD-VKA: „Durchführung einer Unterhaltungs- oder Instandsetzungsarbeit" einerseits und der regelmäßigen Zusammenfassung dieser bei vergleichbarem Schwierigkeits- bzw. Verantwortungsgrad durch das BAG andererseits lassen sich zwei wichtige Eckpunkte für die Bildung von Arbeitsvorgängen im ehemaligen Arbeiterbereich ableiten:

3

1. Das zu erbringende Arbeitsergebnis wird sich wesentlich nach den zu betreuenden technischen Anlagen richten.
2. Dabei können alle Einzeltätigkeiten zu einem Arbeitsvorgang zusammengefasst werden, die einen ununterbrochenen Arbeitsablauf darstellen oder einen engen inneren Ablaufzusammenhang aufweisen (siehe Übersicht Bildung Arbeitsvorgang in Kapitel 3.5).

Nach diesen Grundüberlegungen zeichnen wir im Folgenden die Bildung von Arbeitsvorgängen für einen Schichtführer (vgl. BAG 15.02.2006, 4 AZR 634/04, AP Nr. 3 zu §§ 22, 23 BAT Rückgruppierung) nach:

Der Beschäftigte ist einer von drei Schichtführern in der Technikzentrale eines Universitätsklinikums (UKK). Im Rahmen der Schichtführung sind ihm drei Arbeiter und zwei Personen, die Zivildienst leisten, unterstellt. Zu seinen Aufgaben zählen die Betreuung der vielfältigen technischen Anlagen des UKK (z. B. Druckluft-, Fernwärme-, Lüftungs-, Notstromanlagen), im Einzelnen:

Lfd. Nr.	Aufgabe	Auszuführende Tätigkeiten	%
1.	Bedienen	1. Bedienung der Regelungstechnik zur optimalen Fahrweise der technischen Anlagen im UKK	10 %
		2. Bedienung der computergestützten Gebäudeleittechnik zur Ermittlung von technischen Unregelmäßigkeiten bzw. Störausfällen	

Lfd. Nr.	Aufgabe	Auszuführende Tätigkeiten	%
		3. Bedienung der Brandmeldeanlage zur Freischaltung von Melderstrecken (Sanierung)	
		4. Eingriff in die klimatechnischen Regelungsstrecken zur Anpassung an die jeweiligen vorgegebenen Bedingungen im OP-Bereich	
		5. Kontrolle und Optimierung der Parameter sowie der technischen Anlagen zur Sauerstoffversorgung der OP und Intensivstationsbereiche sowie der zentralen Druckluftversorgung (medizinische Druckluft)	
2.	Kontrolle	6. Kontrolle der technischen Anlagen auf ihre Funktionsfähigkeit durch Vor-Ort-Begehung im Klinikum K bzw. im innerstädtischen Bereich sowie der außenliegenden Liegenschaften	10 %
		7. Kontrolle der Mitarbeiter auf ordnungsgemäße Durchführung der ihnen übertragenen Arbeitsaufträge im Schichtbereich	
3.	Störungsbeseitigung	8. Beseitigung/Organisation der Störungsbeseitigung	40 %
		9. Bagatellstörungen durch Schichtpersonal	
		10. Organisation des technischen Bereitschaftsdienstes in Abstimmung mit dem bereitschaftsdiensthabenden Leiter	
		11. Organisation der notwendigen Maßnahmen in Abstimmung mit den Kliniken und Institutsbereichen zur Havariebeseitigung	
		12. Ist qualifiziert, im Störungsfall die Netzersatzanlagen (Dieselaggregate) zu starten, um den Krankenhausbetrieb aufrechtzuerhalten.	
		13. Analysiert die Störungen und organisiert die sachgerechte Abarbeitung.	
4.	Organisation	14. Beauftragt die in der Schicht tätigen Mitarbeiter zur Abarbeitung von Störungen, Havarien.	40 %

Lfd. Nr.	Aufgabe	Auszuführende Tätigkeiten	%
		15. Organisiert die fachgerechte Zuordnung von Störungs- und Reparaturmeldungen durch die Mitarbeiter.	
		16. Erreicht durch Verteilung der anstehenden Arbeitsaufgaben innerhalb der Schichtbesetzung, dass die technischen Anlagen und Systeme der Med. Fakultät ordnungsgemäß funktionieren und steuert die technischen Prozesse.	
		17. Organisiert im Rahmen der Störungsmeldung die reibungslose Zusammenarbeit unterschiedlicher Gewerke außerhalb der Dienstzeit sowie an Sonn- und Feiertagen.	
		18. Ist verantwortlich für die Arbeitsorganisation innerhalb der Schicht.	
		19. Leitet die Mitarbeiter hinsichtlich einer effektiven Anlagenfahrweise unter besonderer Berücksichtigung der Energieeinsparung für den optimalen Einsatz der Energieerzeugung und Umformeranlagen.	

3

Von einem fortlaufenden ununterbrochenen Arbeitsablauf kann bei den Tätigkeiten 1. bis 4. nicht ausgegangen werden. Sie bauen nicht zwingend aufeinander auf, da nicht jeder Kontroll- (2.) bzw. Überwachungsvorgang (1.) **zwingend** eine Störungsbeseitigung (3.) bzw. eine Organisation (4.) nach sich zieht. So stellt sich die Frage, ob zwischen den Aufgaben ein enger innerer Ablaufzusammenhang besteht, der seinerseits das Vorliegen eines Arbeitsvorgangs begründen kann. Das kann dann der Fall sein, wenn die Stelle zumindest Funktionscharakter hat und damit aufgrund der (Allein-) Zuständigkeit des Beschäftigten von einem einheitlichen Arbeitsergebnis ausgegangen werden kann.

Von einem solchen kann man hier ausgehen. Die Funktion des Schichtführers, als eine Form von Aufsicht bzw. Leitung, kennen bzw. kannten bereits die Lohngruppenverzeichnisse. Danach ist unter einem Schichtführer ein Arbeiter zu verstehen, der einem oder mehreren Arbeitern (Arbeitsgruppe) vorsteht bzw. der die Verantwortung für die während seiner Schicht anfallenden Aufgaben trägt, ohne dass ihm jemand unterstellt ist (vgl. BAG 31.08.1988, 4 AZR 133/88, AP Nr. 5 zu § 21 MTL II).

Nach diesem Grundsatz können zumindest alle koordinierenden und kontrollierenden Aufgaben im Rahmen der Schichtführung zu einem Arbeitsvorgang zusammengefasst werden (Einzeltätigkeiten unter lfd. Nrn. 7.–9., 11., 13.–16., 18., 19.).

Weitere Beispiele zur Bildung von Arbeitsvorgängen für sog. Arbeitertätigkeiten aus der Rechtsprechung:

Die folgenden Tätigkeiten eines **Mitarbeiters im Hol- und Bringedienst eines Krankenhauses** bilden mit 75% den bewertungsrelevanten Arbeitsvorgang: In Absprache mit dem verantwortlichen Gärtner oblagen dem Mitarbeiter folgende Tätigkeiten: 3

- Bepflanzung des Klinikgeländes sowie die entsprechende Pflege,
- Beschnitt der Bepflanzungen in Beeten und Teichen,
- Mähen der Rasenflächen und
- die Reinigung des Außenbereiches. Die Reinigung des Außenbereiches beinhaltet das Sauberhalten der Beete und Grünflächen, der Wege, aller Pflasterflächen und des Teiches sowie das Entleeren der Müllbehälter auf dem gesamten Klinikgelände.

Diese Tätigkeiten erfordern die Zuhilfenahme verschiedener technischer Geräte. Diese Aufgaben im Bereich der Pflege und Reinigung des Außenbereichs erfüllen die Anforderungen an den Arbeitsvorgang. Sie sind auf das Arbeitsergebnis eines funktionierenden und sauberen Außenbereichs des Klinikgeländes ausgerichtet. Die in diesem Zusammenhang anfallenden Wartungs- und Reinigungsarbeiten an dem dabei einzusetzenden technischen Gerät sind als Zusammenhangsarbeiten Teil dieses Arbeitsvorgangs (*Hinweis der Verfasser: Die restlichen Tätigkeiten zu 25% der Gesamtarbeitszeit waren nicht mehr bewertungsrelevant, daher keine Aussagen zu weiteren Arbeitsvorgängen im Beschluss.*).

(LAG Thüringen 18.06.2024, 1 TaBV 11/23, zit. nach WKRS 2024, 17760)

3

Bei einem **Haustechniker in einem Museum** liegen zwei Arbeitsvorgänge vor:

Nr.	Arbeitsvorgang	%-Anteil
1.	**Betreuen der haus-, gebäude- und ausstellungstechnischen Anlagen, Einrichtungen, Geräte und Maschinen**	**97**
1.1	Kontrollieren, Überwachen und Sicherstellen der Funktionalität der sicherheitstechnischen Anlagen (Einbruchmelde-, Brandmeldeanlage, Zugangskontrolle (ZK), Brandschutz-/Fluchttüren, Aufzugsanlage und Gebäudeleittechnik), der Haus- und Ausstellungstechnik sowie von Fenstern, Türen und der Schließanlage	
1.2	Erfassen und Dokumentieren der Betriebszustände der funktionssicherheitsrelevanten, betriebstechnischen Einrichtungen	
1.3	Ermitteln der Ursache von Fehlern, Störquellen bzw. Problemen, Feststellen von Schäden, Beheben von (Kommunikations-)Störungen der Einbruch-/Brandmeldeanlage (im Programmier-/Errichtermodus), Durchführen von Reparaturen	
1.4	Veranlassen von Reparaturmaßnahmen bzw. des Beauftragens von Technikern und Fremdfirmen bei größeren Problemen/Schäden in Abstimmung mit der Teamleitung. Betreuen und Überwachen von Wartungs-, Reparatur- und Reinigungsfirmen	
1.5	Warten, Instandhalten und Pflegen der technischen Werkstattausrüstung (Hubgeräte, Leitern, transportable Geräte für Strom- und Drucklufterzeugung etc.) der Abteilung Technik	
1.6	Entwickeln und Einbringen von eigenen Ideen/Vorschlägen und Teilnehmen an Teambesprechungen zur Planung, Rekonstruktion und (Um-)Bau von haus- und gebäudetechnischen Anlagen sowie baulichen Veränderungen und Neubaumaßnahmen, Ausführen und Überwachen von (Um-)Baumaßnahmen in Zusammenarbeit mit den Kollegen der Abteilung	
1.7	Durchführen von regelmäßigen Sicherheitskontrollgängen durch das Haus und die Ausstellungsräumlichkeiten, Starten der Ausstellungstechnik vor Öffnung des Museums, Aufstellen des Absperrsystems vor dem Haupteingang	

Nr.	Arbeitsvorgang	%-Anteil
1.8	Instandhalten und Reinigen der Wasserspielanlage	
1.9	Verwalten der Schlüssel, Ausgabe und Rücknahme der Schlüssel für die Hausschließanlage, Einrichten und Überwachen des Schlüsseltresors inkl. der Protokollierung (Dokumentation durch Software)	
1.10	Führen von Spezialfahrzeugen (z. B. Arbeitsbühnen bis 25 m mit IPAF-Zulassung, Arbeitsboote etc.), Qualifikation und Einsatz als Ersthelfer	
1.11	Auf- und Abbauen sowie Betreuen der Veranstaltungstechnik bei Veranstaltungen, Auf- und Abbauen der Veranstaltungsmöblierung	
1.12	Überwachen und Sicherstellen der Ordnung, Sauberkeit und Sicherheit in den anlagentechnischen Betriebsräumen sowie auf Haus- und Hofflächen	
1.13	Überwachen der Reinigungsleistung durch Fremdfirmen	
1.14	Überwachen/Sicherstellen der Müllentsorgung	
1.15	Ausüben von Rufbereitschafts- und Wochenenddiensten, Havarie- und Katastrophenschutzeinsätzen (z. B. Aufbauen der Hochwasserschutzanlage um das Museum), ggf. Befreien von Personen aus der Aufzugsanlage (Aufzugswärter)	
1.16	Verwalten des Ersatzteil-/Materiallagers einschließlich Veranlassen von Einkäufen/Nachbestellungen zur Sicherstellung des Lagerbestandes	
1.17	Teilnehmen an Fort- und Weiterbildungsmaßnahmen, Ersthelferschulungen	
2.	**Verwalten und Betreuen der Fahrzeuge**	**3**
2.1	Überwachen und Veranlassen der Wartung und Instandsetzung der Kraftfahrzeuge (Inspektionsintervalle, Prüftermine (TÜV), Bereifung, Reparaturen etc.), Kontrolle, Instandhaltung und Koordination der Fahrzeuge einschließlich Fahrräder, Anhänger	
2.2	Einweisen der Mitarbeiter/-innen in die Handhabung der Fahrzeuge, organisatorische Abläufe zur Nutzung, Führen des Fahrtenbuches etc. inkl. regelmäßiges Kontrollieren der Fahrberechtigungen der Mitarbeiter/-innen	

Nr.	Arbeitsvorgang	%-Anteil
2.3	Durchführen der Schadensabwicklung bei Unfallschäden und sonstigen Schäden an den Kraftfahrzeugen (Meldung der Schäden an den Kommunalen Schadensausgleich)	
2.4	Entgegennehmen von Anfragen und Reservieren der Fahrzeuge (bei Abwesenheit der Teamleitung)	
2.5	Übergabe und Rücknahme der Kraftfahrzeuge (inkl. Durchführen entsprechender Kontrollen hinsichtlich Schäden, Sauberkeit, Fahrtenbuch etc.), ggf. Untersagung der Nutzung (z. B. bei Glatteis)	
2.6	Vorbereiten von Neuanschaffungen in Abstimmung mit der Teamleitung, Ermitteln des Fahrzeugbedarfs und der erforderlichen Ausstattungen (wie z. B. zur Sitzanordnung, Laderaum und Zubehör entsprechend der Erfordernisse), Einholen, Prüfen und Vergleichen von Angeboten sowie Durchführen von Preis- und Vertragsverhandlungen mit den Kfz-Händlern, Erarbeiten einer Entscheidungsvorlage für das Direktorium	
2.7	Kontrolle der Fahrtenbücher und Weiterleiten an die Buchhaltung	

Das LAG begründete das Vorliegen von zwei Arbeitsvorgängen wie folgt: Die Betreuung der technischen Anlagen bezieht sich zwar auf unterschiedliche Anlagentypen, die nicht zwingend miteinander gekoppelt sind oder voneinander abhängen. Die Tätigkeiten sind jedoch im Wesentlichen **gleichartig**. Der MA hat jeweils die Funktionalität der Anlagen zu kontrollieren, die Betriebszustände zu dokumentieren und Fehler im Rahmen des Möglichen und Zulässigen selbst zu beheben bzw. Dienstleister zu beauftragen. Arbeitsergebnis ist, für die Funktionsfähigkeit der haustechnischen Anlagen im Zuständigkeitsbereich zu sorgen.

Davon abtrennbar ist die Verwaltung der dienstlichen Fahrzeuge einschließlich Fahrräder und Anhänger. Es handelt sich im Schwerpunkt um Verwaltungstätigkeiten, die nicht zwingend eine handwerkliche Berufsausbildung erfordern. Arbeitsergebnis ist, die Fahrzeuge den Nutzern in betriebsbereitem Zustand zur Verfügung zu stellen.

(LAG M-V 19.01.2022, 5 TaBV 8/21, ZTR 2022, S. 233 ff.)

Der Mitarbeiter war als **Arbeiter** mit folgenden Tätigkeiten betraut:

1. Wagenpflege (10% der Gesamtarbeitszeit)
2. Kraftwagenfahren (5% der Gesamtarbeitszeit)
3. Tätigkeit des „Logistikers" (85% der Gesamtarbeitszeit)

Alle drei Tätigkeiten bilden auch Arbeitsvorgänge. Dabei sind die folgenden Tätigkeiten des „Logistikers" in einen Arbeitsvorgang zusammenzufassen:

1. Kontrolle Einhaltung der Hausordnung und Einhaltung der Sauberkeit
2. Reinigung der Außenanlagen, des Eingangsbereichs, des Müll- und Entsorgungsstandplatzes sowie der Notausfahrt und des Garagenkomplexes, Rasenflächen mähen, Pflege der Grünanlagen, Räumen und Streuen der Wege im Winter
3. Auswechseln von Leuchtmitteln unterschiedlicher Leuchtkörper
4. Unterstützung der Einsatzsicherstellung bei geschlossenen Polizeieinsätzen
5. Mitwirkung bei behördeninternen Umzügen
6. Aktenvernichtung (verschlossen lagern und verbringen)
7. Überwachung und Bestückung der zentralen Drucker/Kopierer mit Papier
8. Müllentsorgung, einschließlich der fachgerechten Entsorgung von Datenmaterial
9. Bedienen, Regeln, Optimieren aller technischen Anlagen
10. Führen der Kontrollbücher für Aufzug, Heizung, Lüftung
11. tägliche Kontrolle und gegebenenfalls Beseitigung von Fehlinformationen bei Störanzeichen diverser elektrischer Anlagen
12. tägliche Kontrolle des Personenaufzugs, Störungen beseitigen (Menschenrettung), Weiterleiten von Störungen
13. monatlicher Probelauf der Stromersatzanlage, Zusammenwirken mit SW (Verwaltung der Prüfbücher und dokumentieren)
14. monatliche Überprüfung aller Brand- und Rauchschutztüren, 4 Testvarianten, auf Funktion überprüfen, gegebenenfalls ein- bzw. nachstellen
15. Überprüfen der Schrankenanlage und aller Toranlagen

16. monatliches Ablesen und Dokumentieren aller Medien und Weitergabe
17. jährliche Vorlage der monatlichen Prüfbücher bei Inspektionen und TÜV
18. turnusmäßige Reinigung von Lüftereinsätzen im Objekt, um vorbeugend Schäden an E-Motoren zu verhindern
19. kleinere Verschönerungsarbeiten und anfallende Reparatur- und Änderungsarbeiten umsichtig und sorgfältig ausführen
20. Sicherstellung von vorbereitenden Maßnahmen im Zusammenhang mit größeren Baumaßnahmen in der Dienststelle

21. Warenannahme des täglichen Bedarfs
22. Kontrolle der Gewahrsamszellen (Decken aufnehmen und verbringen zur Reinigung, Aufnahme und Weitermeldung von Schäden)
23. monatliche Sperrung des Gewahrsamsbereichs zur turnusmäßigen Desinfektion

Sämtliche dem Arbeiter im Rahmen seiner Aufgabe als Logistiker übertragenen Einzeltätigkeiten sind zu einem einheitlichen Arbeitsvorgang zusammenzufassen. Der Arbeiter hatte sicherzustellen, dass die baulichen Anlagen, das Grundstück und das Gebäude nebst technischer Anlagen und Inventar für den vorgesehenen Zweck als Polizeigebäude in ordnungsgemäßem Zustand zur Verfügung stand. Alle Einzeltätigkeiten dienten diesem einheitlichen Arbeitsergebnis, unabhängig davon, ob es sich um einfache Tätigkeiten, wie Reinigung und Müllentsorgung, oder um schwierige Tätigkeiten, wie Kontrolle und gegebenenfalls Beseitigung von Fehlinformationen bei Störanzeichen diverser elektrischer Anlagen, handelte.

(LAG Thüringen 18.08.2016, 2 Sa 212/14, zit. nach WKRS 2016, 33704)

Vom Maß der Zeit: Zeitanteile

1. Überblick 82
2. Schätzung 82
3. Selbstaufschreibung 83
4. Multimomentaufnahme 84
5. Laufzettelverfahren 84
6. Zeitraum und Zeitpunkt der Erhebung 85

1. Überblick

Zeitanteile sind eine wesentliche Voraussetzung, um Stellen unter Anwendung der Entgeltordnungen bewerten zu können (siehe auch Richter/Gamisch, RiA 2008, S. 241 ff.). Sie spiegeln die Verteilung des zeitlichen Aufwands auf die einzelnen Arbeitsvorgänge wider. Ihre Ermittlung ist demnach erst zweckmäßig, wenn Arbeitsvorgänge und Arbeitsschritte feststehen.

Trotz dieser elementaren Bedeutung haben sich die Gerichte und die Literatur zum Eingruppierungsrecht nur am Rande mit der Frage der Ermittlung von Zeitanteilen auseinandergesetzt und diese Grundsätze formuliert: Der zeitliche Aufwand muss für jeden Arbeitsvorgang gesondert festgestellt werden. Adäquat sind Methoden, die im Rahmen von Organisationsuntersuchungen zur Ermittlung des Personalbedarfs zum Einsatz kommen. Dazu zählen beispielsweise:

4

- qualifizierte Schätzung
- Selbstaufschreibung/Arbeitstagebuch
- Multimomentaufnahme
- Laufzettelverfahren

(so z. B. BAG 18.05.1994, 4 AZR 449/93, AP Nr. 5 zu §§ 22, 23 BAT Datenverarbeitung; LAG M-V 21.11.2023, 2 Sa 40/23, ZTR 2024, S. 202 ff.; LAG Rh-Pf 08.11.2023, 7 Sa 64/23, zit. nach WKRS 2023, 53651)

2. Schätzung

Das Ermitteln von Zeiten durch Schätzung erfordert fundierte Erfahrungswerte des Schätzers über die zu bearbeitenden Sachverhalte unter Berücksichtigung der Prozessabläufe, da – auf Basis von Erfahrungswerten aus der Vergangenheit – Daten für die Gegenwart und Zukunft gewonnen werden sollen. Aus organisatorischer Sicht kommt dieses Verfahren nur dann zum Einsatz, wenn eine genauere Ermittlungsmethode aufgrund von betrieblichen Gegebenheiten nicht möglich bzw. eine hundertprozentig präzise Datenbasis nicht zwingend erforderlich ist.

Für die Ermittlung der Zeitanteile bedeutet dies, dass die Schätzung als ausreichend angesehen werden kann, wenn über die Schätzergebnisse keine Differenzen zwischen Personal- bzw. Organisationsabteilung und der schätzenden Fachabteilung zu erwarten sind.

3. Selbstaufschreibung

Das Führen eines Arbeitstagebuchs ist Kernelement der Selbstaufschreibung. Der Mitarbeiter selbst dokumentiert seine täglich durchgeführten Arbeiten in zeitlicher Abfolge. Die Anfangs- und Endzeitpunkte müssen klar erkennbar sein. Es sind daher am besten Von-bis-Zeiten anzugeben. Als Erleichterung werden entsprechende Erfassungsbögen entwickelt und bereitgestellt. Sie geben die zu erfassenden Tätigkeiten (hier die Arbeitsvorgänge mit Arbeitsschritten) vor.

Arbeitstagebuch

Datum: 01.06.2024			
Stelle: Sachbearbeiter für ...			
Beginn-zeit	**End-zeit**	**Nr. des Arbeits-vorgangs**	**Nr. des Arbeits-schritts**
08.00	08.15	1.	1.3
08.15	08.50	2.	2.4

4

Praxis-Tipp:

Für ständig wiederkehrende Aufgaben (z. B. Telefonate bzgl. Kundenanfragen), die häufig am Tag vorkommen und nur wenig Zeit in Anspruch nehmen (bis ca. fünf Minuten), kann eine Einzelzeitaufnahme mit anschließender Strichlistenführung vorgenommen werden.

Damit die Selbstaufschreibung zu brauchbaren Ergebnissen führt, ist es erforderlich, die Mitarbeiter vor Aufschreibungsbeginn umfassend über diese Erhebungstechnik zu informieren und einzuweisen. Nach etwa einer Woche sollten die Aufschreibungen geprüft werden, um festzustellen, ob sie tatsächlich ordnungsgemäß erfolgen und weiterverwertbar sind. Zum besseren Verständnis und damit zum Absichern der sachgerechten Umsetzung sind notwendige Änderungen den Mitarbeitern nicht nur schriftlich mitzuteilen, sondern auch mündlich zu erläutern.

4. Multimomentaufnahme

Die Multimomentaufnahme ist ein Stichprobenverfahren, bei dem aus einer Vielzahl von (Augenblick-)Beobachtungen statistisch gesicherte Zeit- und ggf. Mengenangaben abgeleitet werden. Um dies zu erreichen, werden im Vorfeld die zu beobachtenden Tätigkeiten katalogmäßig erfasst und entsprechend repräsentative Beobachtungszahlen und -zeitpunkte ausgewählt. Mithilfe des erstellten Aufnahmekatalogs werden dann für die darin festgehaltenen Tätigkeiten die anfallenden Zeiten und ggf. Mengen erfasst. Auf Basis der so erhobenen Stichproben wird mittels der Wahrscheinlichkeitsrechnung die Gesamtheit der Zeiten und Mengen ermittelt (vertiefend Schulte-Zurhausen, S. 556 ff.). Je nach Aufgabenart stehen dazu zwei unterschiedliche Teilverfahren zur Verfügung: Das Multimomenthäufigkeitszählverfahren und das Multimomentzeitmessverfahren.

Praxis-Tipp:

Das Multimomenthäufigkeitszählverfahren ist nur für Bereiche geeignet, in denen relativ wenig verschiedene, immer wiederkehrende Tätigkeiten in großer Anzahl durchgeführt werden (Routinetätigkeiten). Zu diesen Bereichen zählen: Bezügerechnung, Buchhaltung und Sekretariatsarbeiten. In Bereichen mit sich kaum wiederholenden, zeitintensiven Tätigkeiten (planende, beratende, kreative Tätigkeiten) ist hingegen das Multimomentzeitmessverfahren anzuwenden.

5. Laufzettelverfahren

Das Laufzettelverfahren ist im Gegensatz zu den drei vorgenannten Techniken eine objektorientierte Form der Zeiterfassung. Es erfolgt eine detaillierte Ermittlung des Wegs, der Bearbeitungs- und Durchlaufzeiten eines Bearbeitungsfalls (z. B. eine Akte, ein Antrag, ein Werkstück) mittels eines angebrachten Zettels. Auf diesem wird vom jeweiligen Bearbeiter der Arbeitsablauf im o. g. Sinne kurz vermerkt. Zusätzlich sind die Bearbeitungszeiten und ggf. -mengen zu erfassen. Nach einem längeren Erhebungszeitraum (z. B. einem Monat) werden die Daten ausgewertet.

Praxis-Tipp:

Die objektorientierte Ausrichtung des Laufzettelverfahrens macht es für die Ermittlung von Zeitanteilen am wenigsten geeignet. Für die Eingruppierung ist die Notwendigkeit der Ermittlung von Zeitanteilen unmittelbar an den Begriff des Arbeitsvorgangs gekoppelt. Arbeitsvorgänge werden aber in aller Regel nicht objektorientiert gebildet (vgl. Kapitel 3). Einzige Ausnahme sind Ingenieurstellen im Bereich der Bauunterhaltung, Bauleitplanung und Bauantragsprüfung. Hier sieht die Rechtsprechung in der Regel eine objektorientierte Bildung von Arbeitsvorgängen vor (vgl. Reidelbach/Wieland/Fattler, A 330, VIII., X.).

6. Zeitraum und Zeitpunkt der Erhebung

Die Dauer für die Ermittlung der Zeitanteile ist methodenunabhängig und einzelfallbezogen zu bestimmen. Sie richtet sich grundsätzlich danach, zu welchen Zeitpunkten und in welchem Zeitrahmen alle auf Dauer auszuübenden Tätigkeiten in repräsentativem Umfang angefallen sind. Konkret müssen Zeitraum und Zeitpunkt der Erhebung so gewählt sein, dass nicht nur alle Tätigkeiten überhaupt zu erledigen waren (Arbeitsanfall), sondern auch die jeweiligen Arbeitsmengen typisch sind. Schwanken die Arbeitsmengen über- oder unterjährig, sind unterschiedliche Erhebungszeitpunkte und -räume zu bestimmen, um diese Schwankungen auszugleichen.

Praxis-Tipp:

Klassisch sind solche Unterschiede im Arbeitsanfall bei Aufgaben der Haushalts- bzw. Wirtschaftsplanung und des Jahresabschlusses. Die Bestimmung geeigneter Termine zu Beginn und Dauer von Zeitermittlungen könnten in diesem Fall wie folgt aussehen:

1. Ermittlung der insgesamt auszuübenden Tätigkeiten:
   a) Wirtschaftsplanung
   b) Jahresabschluss
   c) Laufende Buchhaltung

2. Ermittlung der Hauptbearbeitungszeiträume:

   zu a) Januar bis März

   zu b) Dezember bis Februar

   zu c) ganzjährig ohne nennenswerte Schwankungen

3. Festlegung von Zeitpunkt und Zeitdauer der Erhebung:

   zu a) Zeitpunkt und -dauer: Januar bis März, um alle durch interne Abstimmungsprozesse bedingten Schwankungen abzudecken

   zu b) Zeitpunkt und -dauer: Dezember bis Februar, um alle durch interne Abstimmungsprozesse bedingten Schwankungen abzudecken

   zu c) Zeitpunkt: zwischen April und November, Dauer: vier Wochen, da die laufende Buchhaltung in der Regel keinen starken Schwankungen unterworfen ist.

Im Rahmen von Eingruppierungsprozessen wurde die Frage nach geeigneten Erhebungszeitpunkten und -zeiträumen nur selten konkretisiert, so zum Beispiel:

1. Unterliegen die Tätigkeiten eines Arbeitnehmers von ihrem Schwierigkeitsgrad her Schwankungen, kann der Zeitraum zur Erfassung der Zeitanteile sechs Monate und mehr betragen.

   (BAG 26.04.1966, 1 AZR 458/64, AP Nr. 2 zu §§ 22, 23 BAT)

2. Ein Zeitraum von sieben Monaten ist für die Erfassung von Vertretungszeiten nicht repräsentativ, wenn in dieser Zeit ca. 83 Prozent aller Urlaubstage des zu Vertretenden angefallen sind.

   (LAG Hamm 10.02.1999, 18 Sa 837/98, EzBAT §§ 22, 23 BAT B.1 Allgemeiner Verwaltungsdienst VG IVb Nr. 20)

3. Nimmt ein Arbeitnehmer regelmäßig an Bereitschaftsdiensten teil, ist die darin zu leistende Arbeit bei der Zeitanteilsermittlung mit zu berücksichtigen. Für die Zeitermittlung dürften sechs Monate ausreichen.

   (BAG 29.11.2001, 4 AZR 736/00, AP Nr. 288 zu §§ 22, 23 BAT 1975)

4. Der Mitarbeiter war beim Arbeitgeber allein zuständig für die Bearbeitung von Ordnungswidrigkeiten. Er hat hierzu über mehrere Monate und damit einen ausreichend langen Zeitraum

Arbeitstagebücher vorgelegt, die seinen Vortrag stützen, dass die Bearbeitung weit mehr als 50% der Gesamtarbeitszeit umfasst. Der Arbeitgeber hat die Richtigkeit der Aufzeichnungen des Mitarbeiters nicht bestritten.

(LAG Köln 20.02.2019, 5 Sa 396/18, zit. nach WKRS 2019, 18923)

5. Werden Zeitanteile durch Selbstaufschreibung ermittelt, dann muss sich aus diesen der konkrete Arbeitsinhalt ergeben. Nur schlagwortartige Nennungen sind nicht ausreichend.

   (LAG SLH 14.01.2015, 6 Sa 230/14, zit. nach WKRS 2015, 12653)

Praxis-Tipp:

Die vorgenommenen Aufzeichnungen müssen somit repräsentativ sein. Bei einfachen, sich ständig wiederholenden Tätigkeiten reicht ein Zeitraum von einem Monat aus (vgl. Schaub/Linck, § 183 Rn. 127). Ansonsten sollten im Zweifel sechs bis zwölf Monate aufgezeichnet werden (siehe z. B. BAG 29.11.2001, 4 AZR 736/00, AP Nr. 288 zu §§ 22, 23 BAT 1975).

Zur Umrechnung der erfassten Zeiten in Zeitanteile kann folgende Tabelle zur Arbeitserleichterung genutzt werden.

Zeitanteile in %	Arbeitstage p. a.	Arbeitswochen p. a.
1	2,08	0,42
2	4,16	0,84
3	6,24	1,26
4	8,32	1,68
5	10,40	2,10
6	12,48	2,52
7	14,56	2,94
8	16,64	3,36
9	18,72	3,78
10	20,80	4,20
11	22,88	4,62
12	24,96	5,04
13	27,04	5,46
14	29,12	5,88
15	31,20	6,30

Zeitanteile in %	Arbeitstage p. a.	Arbeitswochen p. a.
16	33,28	6,72
17	35,36	7,14
18	37,44	7,56
19	39,52	7,98
20	41,60	8,40
21	43,68	8,82
22	45,76	9,24
23	47,84	9,66
24	49,92	10,08
25	52,00	10,50
26	54,08	10,92
27	56,16	11,34
28	58,24	11,76
29	60,32	12,18
30	62,40	12,60
31	64,48	13,02
32	66,56	13,44
33	68,64	13,86
34	70,72	14,28
35	72,80	14,70
36	74,88	15,12
37	76,96	15,54
38	79,04	15,96
39	81,12	16,38
40	83,20	16,80
41	85,28	17,22
42	87,36	17,64
43	89,44	18,06
44	91,52	18,48
45	93,60	18,90
46	95,68	19,32
47	97,76	19,74
48	99,84	20,16
49	101,92	20,58
50	104,00	21,00
51	106,08	21,42
52	108,16	21,84
53	110,24	22,26

Zeitanteile in %	Arbeitstage p. a.	Arbeitswochen p. a.
54	112,32	22,68
55	114,40	23,10
56	116,48	23,52
57	118,56	23,94
58	120,64	24,36
59	122,72	24,78
60	124,80	25,20
61	126,88	25,62
62	128,96	26,04
63	131,04	26,46
64	133,12	26,88
65	135,20	27,30
66	137,28	27,72
67	139,36	28,14
68	141,44	28,56
69	143,52	28,98
70	145,60	29,40
71	147,68	29,82
72	149,76	30,24
73	151,84	30,66
74	153,92	31,08
75	156,00	31,50
76	158,08	31,92
77	160,16	32,34
78	162,24	32,76
79	164,32	33,18
80	166,40	33,60
81	168,48	34,02
82	170,56	34,44
83	172,64	34,86
84	174,72	35,28
85	176,80	35,70
86	178,88	36,12
87	180,96	36,54
88	183,04	36,96
89	185,12	37,38
90	187,20	37,80
91	189,28	38,22

Zeitanteile in %	Arbeitstage p. a.	Arbeitswochen p. a.
92	191,36	38,64
93	193,44	39,06
94	195,52	39,48
95	197,60	39,90
96	199,68	40,32
97	201,76	40,74
98	203,84	41,16
99	205,92	41,58
100	208,00	42,00

Das BAG hat das Recht des Arbeitgebers zur Anweisung von Arbeitsaufzeichnungen gegenüber dem Arbeitnehmer klargestellt: Der Arbeitgeber ist im Rahmen seines Direktionsrechts berechtigt, vom Arbeitnehmer die Dokumentation der erbrachten Arbeitsleistungen zu verlangen. Dabei kann er – je nach Zweck – auch unterschiedliche Qualitäten der Aufzeichnung der erbrachten Arbeitsleistungen fordern:

1. Zweck: Nachweis der erbrachten Arbeitsleistung

Täglicher Tätigkeitsbericht:		**Datum:**
Uhrzeit	**Tätigkeit**	**Anzahl der bearbeiteten Vorgänge**

2. Zweck: Erstellen einer Stellenbeschreibung und -bewertung

Tägliche Arbeitsaufzeichnungen über vier Wochen anhand eines noch umfangreicheren Formulars mit Einzelzeitangaben in Minuten für jeden zu bearbeitenden Einzelfall.

(vgl. BAG 19.04.2007, 2 AZR 78/06, AP Nr. 77 zu § 611 BGB Direktionsrecht)

In der Praxis stellt sich immer wieder die Frage, welche Bedeutung Aufzeichnungen des Beschäftigten bei der Bestimmung des Zeitanteils haben, wenn die Verteilung der Zeitanteile auf die einzelnen Tätigkeiten/Arbeitsvorgänge zwischen Arbeitgeber und Beschäftigten strittig ist. Letztlich ist der Beweiswert dieser Aufzeichnungen regelmäßig gering, wenn sie nicht für einen repräsentativen Zeitraum und lückenlos für alle übertragenen Tätigkeiten erfolgen. Zeiterfassungen, die nur für bestimmte Tätigkeiten (z. B. Abwesenheitsvertretungen) vorgenommen werden, sind unzureichend.

Zudem kommt es für die Eingruppierung – und dazu zählen auch die Zeitanteile – auf die auszuübende – das heißt die vom Arbeitgeber übertragene – Tätigkeit an. Zur auszuübenden Tätigkeit gehört nicht nur der Arbeitsinhalt, sondern auch deren Zeitaufwand (vgl. LAG Hamm 10.02.1999, 18 Sa 837/98).

Praxis-Tipp:

Der Arbeitgeber muss deshalb bei einem Rechtsstreit ganz konkret beweisen, weshalb die vom Arbeitnehmer behaupteten Zeitanteile unzutreffend sind. Es genügt nicht, zu behaupten, den Zeitaufwand für die auszuübenden Arbeitsvorgänge nicht zu kennen (§ 138 Abs. 3 und 4 ZPO; vgl. BAG 19.03.2003, 4 AZR 336/02, NZA 2004, S. 400 ff.).

Zusammenfassende Betrachtung und Mischtätigkeiten

Die Stellenbewertung und Eingruppierung können sich schwierig gestalten, wenn auf der Stelle verschiedene Arbeitsvorgänge mit ggf. sogar unterschiedlichen tariflichen Anforderungen (Wertigkeiten) anfallen und/oder der erforderliche Zeitanteil nicht erreicht wird. Man spricht dann von sog. Mischtätigkeiten.

Handelt es sich um eine Stelle, bei der die anfallenden Arbeitsvorgänge alle unter eine einheitliche Eingruppierungsregelung fallen (das heißt z. B. alle Arbeitsvorgänge fallen unter die Allgemeinen Tätigkeitsmerkmale oder unter die Tätigkeitsmerkmale für Ingenieure ...) fordert § 12 Abs. 2 Satz 3 TVöD-VKA eine zusammenfassende Betrachtung:

§ 12 Abs. 2 Satz 3 TVöD-VKA

Kann die Erfüllung einer Anforderung in der Regel erst bei der Betrachtung mehrerer Arbeitsvorgänge festgestellt werden (z. B. vielseitige Fachkenntnisse), sind diese Arbeitsvorgänge für die Feststellung, ob diese Anforderung erfüllt ist, insoweit zusammen zu beurteilen.

Gleiches gilt für den TV-L (§ 12 Abs. 1 Satz 5) und den TVöD-Bund (§ 12 Abs. 2 Satz 3).

Die zusammenfassende Betrachtung soll sicherstellen, dass dem Beschäftigten auch die Qualifizierung für seine auszuübende Tätigkeit zugutekommt, die sich daraus ergibt, dass er nebeneinander mehrere Tätigkeiten/Arbeitsvorgänge auszuüben hat, aus deren gemeinsamer Betrachtung und Bewertung sich erst die Erfüllung höherwertigerer Tätigkeitsmerkmale ergibt (vgl. BAG 12.12.2012, 4 AZR 199/11, AP Nr. 325 zu §§ 22, 23 BAT 1975 m. w. N.).

Diese ergänzende Form der Bewertung sichert also Arbeitnehmern höhere Eingruppierungsmöglichkeiten, vor allem wenn sie nebeneinander Aufgaben unterschiedlicher Art ausüben und dafür jeweils andersartige Kenntnisse und Erfahrungen einsetzen müssen.

Wichtig: Die Anwendung der zusammenfassenden Betrachtung setzt voraus, dass zunächst eine tarifliche Bewertung der einzelnen Arbeitsvorgänge erfolgt. Erst wenn das nächst höhere Tätigkeitsmerkmal nicht mehr innerhalb des einzelnen Arbeitsvorgangs erfüllt wird, ist zu prüfen, ob durch zusammenfassende Betrachtung mehrerer oder aller Arbeitsvorgänge die erhöhte Anforderung erfüllt wird (BAG 18.11.2015, 4 AZR 605/13, AP Nr. 335 zu §§ 22, 23 BAT 1975, ZTR 2016, S. 321 ff.).

Die Bewertung erfolgt also in zwei Schritten:

1. Bildung und Bewertung der einzelnen Arbeitsvorgänge

Beispiel:

Vier Aufgaben unterschiedlicher Art (anderer Arbeitsweg sowie unterschiedliche, voneinander abgrenzbare Arbeitsergebnisse)

Folge: vier Arbeitsvorgänge

Bewertungsergebnis der einzelnen Arbeitsvorgänge: Jeder Arbeitsvorgang erfüllt für sich die Anforderungen des Tätigkeitsmerkmals „gründliche und vielseitige Fachkenntnisse“ und „selbständige Leistungen“.

2. Zusammenfassende Betrachtung der Aufgaben und Kenntnisse und erneute Prüfung der Erfüllung der nächsthöheren Tätig-
 keitsmerkmale (soweit für die zusammenfassende Betrachtung zugelassen)

Fortführung des oben genannten Beispiels:

Erneute Prüfung der vier Arbeitsvorgänge, ob ggf. das auf den „gründlichen und vielseitigen Fachkenntnissen“ aufbauende Tarifmerkmal der „gründlichen, umfassenden Fachkenntnisse“ erfüllt ist.

Die zusammenfassende Betrachtung wurde von der Rechtsprechung bei folgenden Tätigkeitsmerkmalen zugelassen:

- gründliche Fachkenntnisse

  (BAG 20.07.1983, 4 AZR 271/83, AP Nr. 75; BAG 24.08.1983, 4 AZR 32/81, AP Nr. 78, beide zu §§ 22, 23 BAT 1975)

- gründliche, umfassende Fachkenntnisse

  (LAG Hamm 29.10.1997, 18 Sa 318/97, zit. nach WKRS 1997, 14382; LAG Hamm 28.06.1995, 18 Sa 1266/94, zit. nach Reidelbach/Wieland/Fattler, Z 200)

- der „besonderen Leistungen" im Sinne der Entgeltgruppe 11 für Ingenieure

  (vgl. BAG 12.12.1990, 4 AZR 251/90, AP Nr. 154; BAG 20.10.1993, 4 AZR 47/93, AP Nr. 173, beide zu §§ 22, 23 BAT 1975)

- des „besonderen Maßes der Verantwortung" im Sinne der Entgeltgruppe 12 bzw. der Entgeltgruppe 15 der Allgemeinen Tätigkeitsmerkmale

  (vgl. BAG 25.11.1981, 4 AZR 305/79, AP Nr. 51; BAG 10.02.1982, 4 AZR 393/79, AP Nr. 57; BAG 06.06.1984, 4 AZR 218/82, AP Nr. 90, alle zu §§ 22, 23 BAT 1975)

- des „akademischen Zuschnitts" einer Tätigkeit im Sinne der Entgeltgruppe 13 TV-L/TVöD

  (vgl. BAG 10.02.1982, 4 AZR 393/79, AP Nr. 57 zu §§ 22, 23 BAT 1975)

Eine zusammenfassende Betrachtung zur Feststellung gründlicher, umfassender Fachkenntnisse kommt aber nur dann infrage, wenn sich das Fachwissen innerhalb der einzelnen Arbeitsvorgänge nicht auf ähnliche tatsächliche und rechtliche Fragenstellungen innerhalb des gleichen Sach- bzw. Rechtsgebiets bezieht und damit das Fachwissen innerhalb der einzelnen Arbeitsvorgänge im Wesentlichen das Gleiche ist (vgl. BAG 19.02.2003, 4 AZR 158/02, ZTR 2003, S. 511 ff.).

Bei der Anerkennung der besonderen Schwierigkeit durch zusammenfassende Betrachtung ist zu beachten, dass dies nur bei Verbindung ungewöhnlicher, spezieller und jeweils differenzierter Anforderungen an die jeweiligen Arbeitsvorgänge möglich war (vgl. z. B. BAG 01.08.2001, 4 AZR 298/00, zit. nach Reidelbach/Wieland/Fattler, Z 200).

Die aktuelle Rechtsprechung des BAG weitet die Anwendung der zusammenfassenden Betrachtung weiter aus. Danach ist eine zusammenfassende Betrachtung auch möglich, wenn das einschlägige Tätigkeitsmerkmal qualitative oder quantitative Tatbestandsmerkmale enthält. Danach ist zum Beispiel nicht ausgeschlossen, die Erfüllung des Tätigkeitsmerkmals „Leitung einer größeren Organisationseinheit" (TV-Ärzte Hessen) aufgrund einer zusammenfassenden Betrachtung der Leitung von zwei Stationen anzunehmen (vgl. BAG 12.12.2012, 4 AZR 199/11, AP Nr. 325 zu §§ 22, 23 BAT 1975; BAG

16.05.2012, 4 AZR 300/10, ZTR 2012, S. 699 ff., AP Nr. 67 zu § 1 TVG Tarifverträge: Arzt Eingruppierung eines Oberarztes nach TV-Ärzte Hessen).

Selbständige Leistungen können hingegen überhaupt nicht mithilfe einer zusammenfassenden Betrachtung ermittelt werden. Sie sind stets nur innerhalb eines einzelnen Arbeitsvorgangs erfüllbar (BAG 28.04.1982, 4 AZR 707/79, AP Nr. 62 zu §§ 22, 23 BAT 1975).

Demnach können selbständige Leistungen nur im Rahmen von Arbeitsvorgängen anfallen, die für sich genommen gründliche und vielseitige Fachkenntnisse erfüllen. Das heißt: Das selbständige Erarbeiten eines Ergebnisses (= selbständige Leistung) baut auf den dazu erforderlichen gründlichen und vielseitigen Fachkenntnissen auf (vgl. BAG 22.02.2017, 4 AZR 514/16 m. w. N. auf die Literatur, ZTR 2017, S. 352 ff.).

Wichtig: Damit löst sich das BAG von seiner bisherigen Rechtsprechung, wonach selbständige Leistungen auch in Arbeitsvorgängen vorkommen können, die für sich gründliche Fachkenntnisse erfor-
5 dern und die Vielseitigkeit sich erst aus der zusammenfassenden Betrachtung der Arbeitsvorgänge ergab (vgl. z. B. BAG 25.11.1981, 4 AZR 305/79, AP Nr. 51 zu §§ 22, 23 BAT 1975; BAG 28.04.1982, 4 AZR 707/79, AP Nr. 62 zu §§ 22, 23 BAT 1975; BAG 18.07.1990, 4 AZR 25/90, AP Nr. 151 zu §§ 22, 23 BAT 1975; siehe auch LAG Hamm 17.01.2001, 18 Sa 1411/00, ZTR 2002, S. 129 ff.; LAG Hamm 06.02.2002, 18 Sa 1139/01, WKRS 2002, 26430).

Insgesamt betrachtet ist die Möglichkeit der zusammenfassenden Betrachtung damit für die Rechtsprechung eher der Ausnahme-, denn der Regelfall (siehe BAG 22.02.2017, 4 AZR 514/16, AP Nr. 336 zu §§ 22, 23 BAT 1975 m. w. N.).

Fallen aber nicht alle Arbeitsvorgänge unter eine spezielle Regelung (z. B. Ingenieure) oder unter die Allgemeinen Tätigkeitsmerkmale (sog. **Mischtätigkeiten**), ist eine zusammenfassende Betrachtung nicht möglich.

Beispiel aus der Rechtsprechung:

Auf Basis der Auffassung von Arbeitnehmer und Arbeitgeber hat das Landesarbeitsgericht – ohne weitere Begründung – folgende vier Arbeitsvorgänge angenommen:

1. Sachgebietsleitung 25 % (Allgemeine Tätigkeitsmerkmale)
2. Angelegenheiten Rettungsdienst 30 % (Erfordernis technischer Fachkenntnisse im Sinne der Tätigkeitsmerkmale für technische Angestellte)
3. Angelegenheiten Brandschutz 20 % (Allgemeine Tätigkeitsmerkmale)
4. Katastrophen- und Zivilschutz 25 % (Bewertung offen gelassen)

(BAG 28.01.2009, 4 AZR 13/08, AP Nr. 39 zu §§ 22, 23 BAT-O, ZTR 2009, S. 481 ff.)

Liegen solche Mischtätigkeiten vor, ist für die Bewertung der Stelle und die Feststellung der Eingruppierung auf Folgendes zu achten: Gemäß § 12 TVöD/TV-L/TV-H ist der Arbeitsvorgang die zentrale Bewertungseinheit. Dementsprechend sind zunächst Arbeitsvorgänge zu bilden und danach jeder Arbeitsvorgang für sich zu bewerten. Dabei ist der Spezialitätsgrundsatz zu beachten. Aus dem eingruppierungsrechtlichen Spezialitätsgrundsatz ergibt sich, dass bei Mischtätigkeiten jeder einzelne Arbeitsvorgang dem jeweils speziellen Tätigkeitsmerkmal innerhalb des tariflichen Eingruppierungssystems zugeordnet wird, ohne dass es auf eine vorherige Zuordnung der Gesamttätigkeit des Beschäftigten zu bestimmten Tatbestandselementen der Tätigkeitsmerkmale (z. B. Technischer Beschäftigter) ankommt. Der Spezialitätsgrundsatz verbietet es damit, einen Arbeitsvorgang, der z. B. ein Tätigkeitsmerkmal für Technische Beschäftigte erfüllt, dann einem Allgemeinen Tätigkeitsmerkmal zuzuordnen, nur weil die Tätigkeit des Beschäftigten zu weniger als der Hälfte seiner gesamten Arbeitszeit die Tätigkeitsmerkmale für Technische Beschäftigte erfüllt (vgl. BAG 28.01.2009, 4 AZR 13/08, AP Nr. 39 zu §§ 22, 23 BAT-O, ZTR 2009, S. 481 ff.).

Sind alle Arbeitsvorgänge bewertet, kann die Bewertung der Stelle dann wie folgt ermittelt werden: Bei Mischtätigkeiten können die Zeitanteile von Arbeitsvorgängen, die den Anforderungen verschiedener Tätigkeitsmerkmale derselben Entgeltgruppe entsprechen, addiert werden. Dies folgt bereits aus dem Wortlaut des § 12 TVöD/ TV-L/ TV-H. Danach entspricht die gesamte auszuübende Tätigkeit den Tätigkeitsmerkmalen einer Entgeltgruppe, wenn zeitlich mindestens zur Hälfte Arbeitsvorgänge anfallen, die für sich genommen die Anforderungen eines Tätigkeitsmerkmals oder mehrerer Tätigkeitsmerkmale dieser Entgeltgruppe erfüllen. Die unterschiedlichen Tätigkeitsmerkmale innerhalb einer Entgeltgruppe sind durch Fallgruppen kenntlich gemacht. Für die Bewertung der Stelle (und die Eingruppierung des Beschäftigten) in eine bestimmte Entgeltgruppe können daher Zeitanteile von Arbeitsvorgängen, die die Anforderungen verschiedener Fallgruppen derselben Entgeltgruppe erfüllen, addiert werden. Dies ist seit vielen Jahren auch der Standpunkt der Arbeitgeber des öffentlichen Dienstes zur Anwendung des § 22 BAT bei Mischtätigkeiten und die einhellige Auffassung in der Literatur (Clemens/Scheuring/Steingen/Wiese, BAT; Breier/ Kiefer/Hoffmann/ Pühler, Eingruppierung und Tätigkeitsmerkmale; Böhm/Spiertz/Steinherr/Sponer, BAT; Claus, Lexikon der Eingruppierung, Stichwort „Mischtätigkeit“, vgl. BAG 10.12.1997, 4 AZR 228/96, AP Nr. 234 zu §§ 22, 23 BAT 1975 m. w. N. auf die Literatur).

TVöD-VKA, TV-L und TVöD-Bund fordern somit komplexe Abwägungen, so dass deutlich wird, dass auf Stellenbeschreibungen im öffentlichen Dienst aus tarifrechtlichen Gründen nicht verzichtet werden kann. Regelmäßig verkennen Kritiker von Stellenbeschreibungen diese rechtliche Ausgangssituation.

Der Weg zur Eingruppierung

1. Die Stellenbeschreibung im Zentrum des Eingruppierungsrechts 100
2. Entwicklung von Stellenbeschreibungen mit unmittelbarer Einbindung der Stelleninhaber: Das Interview-Verfahren 103
3. Training und Coaching der Führungskräfte 104
4. Die Stellenbewertungskommission als Schlüssel zum Erfolg 109

1. Die Stellenbeschreibung im Zentrum des Eingruppierungsrechts

Auch wenn weder § 12 TVöD/TV-L noch die Entgeltordnungen eine solche fordern; aufgrund ihrer Komplexität setzen faktisch alle Tarife des öffentlichen (und kirchlichen) Dienstes für eine korrekte Ermittlung der Eingruppierung tarifkonforme Stellenbeschreibungen voraus (vgl. Gamisch/Mohr, StB, Kapitel 1.4), die bestimmten Anforderungen entsprechen müssen:

Die Stellenbeschreibung dient der Dokumentation der Tätigkeit eines Stelleninhabers. Sie besitzt organisatorische (welche Aufgaben auf welchen Arbeitsplätzen im Betrieb wahrgenommen werden, in welchem hierarchischen Zusammenhang die Stelle angesiedelt ist, etc.) sowie arbeitsrechtliche (z. B. hinsichtlich des Direktionsrechts) Bedeutung und kann im Einzelfall Konsequenzen für die tarifliche Eingruppierung haben. Als Grundlage für eine solche Eingruppierung kommt sie in Betracht, soweit sie die tatsächlich ausgeübten einzelnen Tätigkeiten und Arbeitsvorgänge des Stelleninhabers ausreichend differenziert wiedergibt und damit der Identifizierung der auszuübenden Tätigkeit dient. Sofern die Entgeltgruppen bestimmte Fachkenntnisse und Fertigkeiten, die Erbringung selbständiger Leistungen, Eigenverantwortlichkeit oder besondere Anforderungen an analytische Fähigkeiten voraussetzen, ist die Stellenbeschreibung allenfalls dann dienlich, wenn sie in erkennbar gewollter Übereinstimmung mit den jeweiligen tariflichen Begrifflichkeiten entsprechende Angaben enthält. Das dürfte ausnahmsweise dann gegeben sein, wenn sie von einer Stelle angefertigt wurde, die über die entsprechenden Tarifkenntnisse verfügt und erkennbar auf die tariflichen Tätigkeitsmerkmale abgestellt hat. Die Einschätzung eines Vorgesetzten des Arbeitsplatzinhabers ist unerheblich (vgl. BAG 21.03.2012, 4 AZR 292/10, ZTR 2012, S. 628 ff., AP Nr. 322 zu §§ 22, 23 BAT 1975).

Wichtig: Das Ziel solcher tarifkonformen Stellenbeschreibungen kann auf unterschiedlichen Wegen erreicht werden: Ein „Königsweg" zur richtigen Eingruppierung existiert nicht (vgl. Richter/Gamisch, AuA 2011, S. 42 ff.); es muss lediglich ein „gangbarer Weg" gewählt werden.

Die Beauftragung von nicht geschulten Führungskräften, „auf die Schnelle" solche tarifkonformen Stellenbeschreibungen anzufertigen, wird in keinem Fall zum Erfolg führen. Der Führungskraft in ihrer Rolle als Fachvorgesetzter fehlen regelmäßig die erforderlichen tarifrechtlichen Kenntnisse. Diese sind auch nicht „einfach" und in „kürzester Zeit" zu erlangen. Im Grunde ist es auch nicht deren Aufgabe, derartig spezialisierte Arbeitsaufträge zu erfüllen. Anders lautende Forderungen sind genauso zum Scheitern verurteilt, wie Befragungen der Stelleninhaber im Wege von Fragebogenaktionen. Diese werden nur vom „Hochschulkatheder" aus oder von praxisfernen Beratern empfohlen. Die Praxis zeigt vielmehr, dass nur zwei Verfahren Erfolg versprechen: das Stelleninterview über den direkten Weg bzw. über die Führungskräfte nach entsprechendem Training und Coaching (vgl. Gamisch, NEO).

Interview-Verfahren – Training und Coaching der Führungskräfte

Verfahrensunabhängige Vorbereitung

1. Ziele bestimmen: Für welche Zwecke sollen Stellenbeschreibungen (StB) eingesetzt werden?
2. Entwicklung des Stellenbeschreibungsformulars
3. Bestimmung der Anzahl der zu beschreibenden Stellen

Interview-Verfahren

1. Reihenfolge der zu untersuchenden Organisationseinheiten festlegen
2. Interne Aufgabenverteilung festlegen
3. Information aller Beteiligten
4. Interviews inhaltlich und organisatorisch vorbereiten
5. Interviews durchführen
6. Interviews auswerten und StB-Entwürfe erstellen
7. StB-Entwürfe abstimmen
8. Endgültige StB ausfertigen
9. Inkraftsetzen und Veröffentlichen

Training und Coaching der Führungskräfte

1. Information aller Beteiligten
2. Training der Führungskräfte im Erstellen von StB durch in- oder externe Fachkräfte
3. Erstellen der StB durch die Führungskräfte
4. Prüfen der StB durch in- oder externe Fachkräfte
5. Abstimmen der personalwirtschaftlich und tarifrechtlich erforderlichen Änderungen mit den Führungskräften
6. Ausfertigen der endgültigen StB

Quelle: IPW – Institut für PersonalWirtschaft GmbH

Stellenbeschreibungen können auf unterschiedlichen Wegen in der Dienststelle bzw. im Betrieb eingeführt werden.

Die Auswahl eines geeigneten Verfahrens richtet sich nach den genannten Aspekten. Grundsätzlich kann die Entscheidung nur unternehmens-/dienststellenbezogen anhand dieser Kriterien getroffen werden:

1. Das Interview-Verfahren ist geeignet, wenn die Stellenbeschreibungen als offizielles Führungs- und Organisationsmittel eingesetzt und sie dem Stelleninhaber nach ihrer Entwicklung (in welcher Form auch immer) zur Verfügung gestellt werden (vertiefend Gamisch/Mohr, StI).
2. Die Entwicklung von Stellenbeschreibungen durch Training und Coaching der Führungskräfte ist demgegenüber auch dann zweckmäßig, wenn die Stellenbeschreibungen später nicht „veröffentlicht" werden, sondern ausschließlich Voraussetzung für die Festlegung der Stellenbewertung und Eingruppierung sind und keine offensive personalwirtschaftliche Informationspolitik betrieben werden soll.

Praxis-Tipp:

6 In der Literatur wird immer wieder die Fragebogentechnik als mögliche Form beschrieben. Diese hat sich nach unseren Kontakten zu den unterschiedlichsten Einrichtungen des öffentlichen und kirchlichen Dienstes nicht bewährt. Die Mitarbeiter fühlen sich häufig überfordert, eine Vielzahl von Fragen zu beantworten, deren Sinn und Zweck sich ihnen nicht immer klar erschließt. Auch begleitende Ein- und Unterweisungen können dies kaum verhindern. Die deshalb erforderlichen Nachfragen sind regelmäßig so umfangreich und zeitintensiv, dass der unmittelbare Einsatz der Interview-Technik insgesamt wirtschaftlicher ist.

2. Entwicklung von Stellenbeschreibungen mit unmittelbarer Einbindung der Stelleninhaber: Das Interview-Verfahren

Ziel des Verfahrens ist die sachgerechte Entwicklung von Stellenbeschreibungen durch die entsprechenden Fachleute aus der Personal- bzw. Organisationsabteilung (zur Zuständigkeitsfrage siehe Gamisch/Mohr, StB, Kapitel 5.1) unter größtmöglicher Einbindung der derzeitigen Stelleninhaber und Führungskräfte. Die Besonderheit des Verfahrens besteht im Gegensatz zur noch verbreiteten Praxis darin, dass nicht die Fachabteilungen bzw. die Stelleninhaber selbst Stellenbeschreibungen verfassen, sondern entsprechend personalwirtschaftlich und tarifrechtlich ausgebildete Fachleute, um eine vergleichbare Qualität aller Stellenbeschreibungen in der Organisation (Unternehmen/Dienststelle) sicherzustellen.

Die Interview-Methode als Kernelement dient dabei der Erfassung aller zur Entwicklung von Stellenbeschreibungen erforderlichen Informationen, wie Aufgaben, Einzeltätigkeiten, Fachkenntnisse, Erfahrungen und Befugnisse direkt bei den Stelleninhabern und Führungskräften der einzelnen Organisationseinheiten vor Ort.

Gerade wenn vorher keine Stellenbeschreibungen oder vergleichbare Dokumentationen zur Aufbau- und Ablauforganisation existieren, ist dieses Verfahren zu empfehlen, da die Stelleninhaber und Führungskräfte in der Regel sehr detailliert Auskunft über die Aufgabengebiete im o. g. Sinne geben können. Das Vorgehen erhöht die Transparenz und kann damit erheblich zur Akzeptanz in der laufenden personalwirtschaftlichen und führungstechnischen Anwendung beitragen.

Um diese Vorteile optimal nutzen zu können, ist eine entsprechende Vor- und Aufbereitung unabdingbar.

Das Stelleninterview ist die Grundlage für die Anfertigung der Stellenbeschreibung, die dann die Grundlage für die Eingruppierung liefert (zu den Verfahrenseinzelheiten siehe auch Gamisch/Mohr, StB, Kapitel 4.2; zum Stelleninterview siehe auch Gamisch/Mohr, StI). Stellenbeschreibungen an sich unterliegen nicht der Mitbestimmung der Arbeitnehmervertretung (zu den Einzelheiten siehe Kapitel 7). Die Eingruppierung bzw. Umgruppierungen sind aber mitbestimmungspflichtig (zum Begriff der Eingruppierung siehe auch Kapitel

7.3). Dabei kann es sinnvoll sein, den Betriebs- bzw. Personalrat bereits im Vorfeld einzubinden.

3. Training und Coaching der Führungskräfte

Die Einführung tarifkonformer Stellenbeschreibungen über das Training und Coaching der Führungskräfte kann eine sinnvolle Alternative zum Stelleninterview darstellen. Im Unterschied zum Interview-Verfahren erfolgt die Entwicklung von Stellenbeschreibungen nicht durch die Fachleute der Personal- bzw. Organisationsabteilung, sondern durch die Führungskräfte der einzelnen Organisationseinheiten. Um gleichwohl zu sachgerechten und verwertbaren Ergebnissen zu gelangen, werden die Führungskräfte durch entsprechende Fachleute trainiert und gecoacht (vgl. Richter/Gamisch, RiA 2010, S. 97 ff.).

Für die Mehrheit der Führungskräfte ist diese Rolle neu und ungewohnt. Deshalb muss auch die Einführung dieses Verfahrens gut vorbereitet werden.

Im ersten Verfahrensschritt gilt es, die Führungskräfte in Form einer Veranstaltung mit anschließender Diskussions- und Fragerunde umfassend über das Vorhaben zu informieren. Inhalte der Veranstaltung sind im Einzelnen Anlass und Ziel, Vorgehensweise sowie die konkrete Einbindung der Führungskräfte.

Über Ziel und Anlass der Entwicklung und Einführung von Stellenbeschreibungen sollten Dienststellenleitung bzw. Arbeitgeber selbst informieren, um eine breite Transparenz- und Vertrauensbasis für die effektive Zusammenarbeit zwischen Trainern und Lernenden zu schaffen. Im Rahmen der Einführung von Stellenbeschreibungen im Wege dieses Verfahrens sind folgende Fragen immer wieder für die Führungskräfte von Bedeutung:

- Aus welchem Grund werden Stellenbeschreibungen eingeführt?
- Warum sollen die Stellenbeschreibungen von den Führungskräften erstellt werden?

In diesen Fragen stecken sowohl Befürchtungen als auch Bedürfnisse. Die Sorgen kreisen vor allem um denkbare Herabgruppierungen. Bei der anderen Fragestellung geht es um etwas Grundsätzliches, was zuweilen auch offen angesprochen wird: „Sollen wir jetzt noch die Arbeit der Personalabteilung machen?"

Es ist grundsätzlich zutreffend, dass eine Führungskraft des öffentlichen Dienstes als Fachvorgesetzter nicht befähigt sein muss, eine tarifkonforme Stellenbeschreibung zu verfassen. Für dieses Ziel sind so weitreichende und vertiefte Kenntnisse des Eingruppierungsrechts erforderlich, die zudem wegen des großen Einflusses der Rechtsprechung der Arbeitsgerichte ständig aktualisiert werden müssen. Vor diesem Hintergrund haben wir aus unserer Praxis sogar Zweifel, ob das Verfassen von Stellenbeschreibungen in der Organisation richtig aufgehoben ist. Wir vertreten demgegenüber die Ansicht, dass regelmäßig eher die Personalabteilungen über das aktuelle (!) Wissen verfügen.

Wie immer bestätigen Ausnahmen die Regel: Stellenbeschreibungen können auch in der Organisation verfasst werden, wenn dort das erforderliche tarifrechtliche Know-how – auf dem neuesten Stand der Rechtsprechung – besteht. Damit wird deutlich, warum ein Fachvorgesetzter sich zu Recht überfordert, besser – nicht zuständig – fühlen darf. Die für die Anfertigung von Stellenbeschreibungen zuständige Organisationseinheit kann allerdings erwarten und verlangen, dass ihr zugearbeitet wird. So ist das Aufschreiben von Tätigkeiten – möglicherweise grob in die Richtung von Arbeitsvorgängen vorsortiert – auch von einem im jeweiligen Tarifrecht ungeschulten Vorgesetzten zu erwarten.

Der Sachverhalt ist aber anders, wenn sich die Dienststellenleitung bewusst für die Methode des Trainings und Coachings der Führungskräfte entscheidet. Bei dieser Wahl sollte begründet werden, warum andere Wege gerade nicht beschritten werden. Es sollte deutlich gemacht werden, welche Bedenken die Dienststellenleitung gegenüber den anderen Verfahren hatte. Für diese Erklärungen sollten Zeit und Raum zur Verfügung gestellt werden, damit die Betroffenen sich mit den an sie gestellten Erwartungen tatsächlich auseinandersetzen können.

Es ist unerlässlich, die Führungskräfte über die Vorgehensweise im Einzelnen zu informieren. Dazu zählt nicht nur die Darstellung und Erläuterung der oben genannten einzelnen Verfahrensschritte, sondern auch die Definition der wichtigsten Begriffe (Stellenbeschreibung in Abgrenzung zur Stellenbewertung und Eingruppierung) sowie die Vorstellung und Erläuterung des zur Anwendung kommenden Stellenbeschreibungsformulars.

Im zweiten Verfahrensschritt erlernen die Führungskräfte das Erstellen von Stellenbeschreibungen, im Einzelnen:

- alle wesentlichen tariflichen Grundlagen, die bei der Erstellung von Stellenbeschreibungen berücksichtigt werden müssen
- die Anwendung des eingesetzten Stellenbeschreibungsformulars
- das wertneutrale und allgemeinverständliche Beschreiben von Aufgaben und Tätigkeiten

Das Schulen der tarifvertraglichen Grundlagen ist zwingend erforderlich, um die Führungskräfte ausreichend für die Thematik zu sensibilisieren und ihnen den notwendigen Einblick in die Grundlagen des Eingruppierungsrechts zu ermöglichen. Sie müssen lernen, welche tariflichen Regelungen entscheidend für die Beschreibung einer Stelle sind und wie diese im Einzelnen durch Rechtsprechung und Literatur ausgelegt und angewendet werden. Dieses Wissen wird später auch im Zusammenhang mit der eigentlichen Führungstätigkeit von Vorteil sein.

Auf diesem Fundament erfolgt die Erläuterung des Stellenbeschreibungsformulars. Die einzelnen Punkte werden im Hinblick auf die Begriffe und die einzufüllenden Inhalte erklärt. Dieser detaillierten Besprechung sollten in jedem Fall praktische Übungen folgen. Nur so kann der Seminarleiter beurteilen, ob die Führungskräfte anhand des Gelernten in der Lage sind, Stellenbeschreibungen zu verfassen. Deshalb sollte dem Übungsteil ausreichend Raum beigemessen werden. In der Praxis hat sich hier ein Schulungszeitraum von ein bis zwei Seminartagen als ideal erwiesen. Die Dauer richtet sich letztendlich nach der Vielfalt der zu beschreibenden Aufgaben. Die Schulung kann am Stück oder in zwei Teilen erfolgen. Bei einer Teilung sollten aber beide Termine nicht zu weit auseinanderliegen, damit die Lernenden ohne übermäßigen Wiederholungsaufwand den Schulungsteil der Stellenbeschreibung aufnehmen und verarbeiten können. Im Übrigen ist ein zielführender didaktischer Ansatz zu wählen.

Nach Abschluss der Schulung(en) sollte den Führungskräften für den dritten Verfahrensschritt ein Zeitraum von mindestens vier bis sechs Wochen zur Verfügung stehen, in dem sie die Stellen ihrer Organisationseinheiten entsprechend beschreiben. Die von den Führungskräften erstellten Stellenbeschreibungen werden im vierten Verfahrensschritt von Fachleuten der Personalabteilung noch einmal überprüft. Dabei ist auf zwei Aspekte besonders zu achten:

1. Handelt es sich bei den beschriebenen Aufgaben tatsächlich um aus-zu-übende, nicht aber aus-ge-übte Tätigkeiten? Die Beschreibungen der Führungskräfte geben den Ist-Stand der Aufbau- und Ablauforganisation wieder. Dieser ist aber für die Bewertung der Stellen und die darauf aufbauende Eingruppierung der Mitarbeiter unerheblich. Maßgeblich ist allein die auszuübende Tätigkeit. Im Ergebnis wird es nur der Personalabteilung möglich sein, diese festzustellen. Das Hauptproblem ist, dass die vertraglich getroffenen Vereinbarungen zu den übertragenen Tätigkeiten kaum detaillierte Informationen enthalten. Im Bereich des öffentlichen Dienstes ist es üblich, den Aufgabenbereich nur sehr grob zu umreißen, zum Beispiel als Mitarbeiter im nicht-technischen Verwaltungsdienst, als Sozialarbeiter, als Erzieher, als Ingenieur. In diesem Fall kann sich der Abgleich, ob die ausgeübten Tätigkeiten (Erhebungsergebnis) auch die auszuübenden sind, allein darauf beschränken, ob die genannten Funktionsbereiche (nicht) zutreffen.

2. Die Stellen sind so zu beschreiben, dass sie als Basis für die Stellenbewertung und Eingruppierung dienen können. Darüber hinaus ist insgesamt eine einheitliche Art und Weise der Darstellung der Aufgaben sicherzustellen.

In der Regel stellen die Fachleute der Personalabteilung einen Änderungsbedarf fest. Dieser ergibt sich in der Praxis aus zwei Gesichtspunkten: Zum einen aus dem Erfordernis, eine Einheitlichkeit der Beschreibung der Stellen auch über die Organisationseinheiten hinaus zu erreichen, zum anderen aus tarifrechtlichen Erfordernissen wie der wertneutralen Beschreibung von Aufgaben. Die notwendigen Änderungen sind im Rahmen des fünften Verfahrensschritts mit jeder Führungskraft in Einzelgesprächen zu erläutern.

Die Führungskraft muss damit in die Lage versetzt werden, die im Rahmen der Erstellung der Beschreibungen aufgetretenen Fehler im Vergleich zu dem Erlernten selbst zu erkennen und zu verstehen, was eine grundsätzlich zu schulende Handlungskompetenz voraussetzt. Auf diesem Wege haben die Führungskräfte über ein individuelles Feedback die Möglichkeit, ihr in der Gruppe erlerntes Wissen ggf. zu korrigieren, zu festigen und weiter zu vertiefen.

Die Fachleute der Personalabteilung agieren somit als Coach der Führungskräfte. Darunter versteht man eine Kombination aus individueller Beratung, persönlichem Feedback und praxisorientiertem Training. Im Rahmen dieser Einzelgespräche wird schließlich die endgültige Ausfertigung der Stellenbeschreibungen besprochen und abgestimmt. Deren Umsetzung im sechsten Verfahrensschritt erfolgt dann durch die Führungskräfte.

Grundsätzlich stehen beide Verfahren gleichberechtigt nebeneinander. Allerdings ist das Stelleninterview aus unserer praktischen Erfahrung die beste Methode, die notwendigen Informationen zu erfassen (vgl. Gamisch/Mohr, StI). Das Training und Coaching kann unter bestimmten Voraussetzungen eine sinnvolle Alternative darstellen (vgl. Richter/Gamisch, RiA 2010, S. 97 ff.).

Tarifkonforme Stellenbeschreibungen werden im neuen Tarifrecht ihre zentrale Bedeutung behalten und – mehr noch – weiter ausbauen:

- Sie sind zunächst ein wertvolles Führungsinstrument (z. B. bei der diskriminierungsfreien Stellenbesetzung, Arbeitsvertragsgestaltung und der Einarbeitung neuer Mitarbeiter).
- Zugleich bilden sie die unerlässliche Grundlage bei der Anwendung leistungsorientierter Bezahlung gemäß §§ 17, 18 TVöD.
- Ohne Stellenbeschreibung kann zudem die korrekte Eingruppierung auch zukünftig nicht ermittelt werden.

Bei der leistungsorientierten Bezahlung über Zielvereinbarungsgespräche oder Bewertungsgespräche im Wege der systematischen Leistungsbewertung ist eine Gesprächsgrundlage erforderlich:

- Wie sollen Ziele vereinbart werden, wenn bereits Unsicherheit über die „normale" Tätigkeit besteht und …
- … wann ist eine Leistung gut oder schlecht?

Wichtig: „Ohne Stellenbeschreibung ist Beurteilung sinnlos."

(Ein Beurteiler, Grunow, Personalbeurteilung, Stuttgart 1976, S. 45)

4. Die Stellenbewertungskommission als Schlüssel zum Erfolg

Ein möglicher Weg ist das Arbeiten mit Stellenbewertungskommissionen, die zunächst viele personalwirtschaftliche Vorteile bieten:

Die Erarbeitung der für TVöD- und TV-L-Anwender unerlässlichen Stellenbeschreibungen und -bewertungen bringt Kosten mit sich. Der Einsatz von Einzelbewertern erscheint auf den ersten Blick die finanziell günstigere Variante zu sein. Beim systematischen Einsatz eines (größeren) Bewertungsgremiums verbreitern sich demgegenüber die Entscheidungsgrundlagen und Wissensressourcen erheblich: Das Wissen der Gruppe wird von Anfang an (gemeinsam) genutzt, ruhende Ressourcen können erschlossen und ein gemeinsamer Lernprozess angestoßen werden. Zudem erhalten Betriebs- bzw. Personalräte von Beginn an einen praktischen Eindruck, welche Mühen zur Ermittlung der tarifgerechten Eingruppierung aufgewendet werden und wie schwierig sich zuweilen die Ermittlung der korrekten Eingruppierung darstellt. Dem häufig pauschal vorgetragenen Argument, die Eingruppierung sei unzutreffend (niedrig), kann so wirksam vorgebeugt werden (vgl. Gamisch, NEO, S. 120 ff.). 6

Bei der Bewertung von komplizierten technischen Berufen (z. B. im Bereich der Informationstechnologie oder der Ingenieurwissenschaften) stoßen Einzelbewerter immer wieder an ihre Grenzen. Als Folge müssen (wiederholte) Rückfragen an die Fachabteilungen, den Betriebs- bzw. Personalrat und andere Stellen gestellt werden. Als Alternative zu einer „Gruppenbewertung im Umlaufverfahren" bietet sich der gezielte Einsatz des Gremiums an, das von Anfang an die jeweiligen Experten umfasst.

Auf diesem Weg wird bei flächendeckenden Beschreibungen und Bewertungen, aber auch beim Einsatz bei Muster- bzw. Schlüsselstellen ein transparentes Verfahren der Ergebnisfindung garantiert, das eine allgemeine Akzeptanz findet. Damit verbunden wird die Hoffnung, dass sich notwendigerweise anschließende Mitbestimmungsverfahren im Hinblick auf die Ein- oder Umgruppierung vereinfachen und beschleunigen, was wiederum Kosten senkt. Das gilt auch und gerade bei der Umstellung auf das neue Eingruppierungsrecht.

Darüber hinaus wird die „psychologische Verbindlichkeit" erhöht, so dass – in der Umstellungsphase – geringere Widerstände der Beschäftigten sowie der Führungskräfte auftreten. Widerstände sind ein nicht zu unterschätzender offener und/oder verdeckter Kostenfaktor (zu Begriff und Umgang mit Widerständen siehe Gamisch/Mohr, StB, Kapitel 4.6 m. w. N.).

Wichtig: Mit dem Einsatz von Stellenbewertungskommissionen kann die Mitbestimmung des Betriebs- bzw. Personalrats nicht umgangen werden. Die Kommission ersetzt nicht das ordnungsgemäße Beteiligungsverfahren (vgl. LAG Rheinland-Pfalz 16.8.2000, 10 Sa 369/00; ArbG Mainz, auswärtige Kammer Bad Kreuznach 22.05.2002, 7 Ca 2157/01 zit. nach Reidelbach/Wieland/Fattler, St 130). Die Stellenbewertungskommission stellt lediglich ein „Instrument" dar, das die Klärung der Eingruppierung professionalisiert, beschleunigt und konsensfähig macht.

Praxis-Tipp:

Das gilt besonders vor dem Hintergrund, dass die Einführung eines neuen Eingruppierungsrechts ggf. eine Vielzahl von Mitbestimmungsverfahren mit sich bringen wird.

Über diese allgemeinen Vorteile hinaus kann die Stellenbewertungskommission einen weiteren Baustein beim Aufbau einer modernen Unternehmens- bzw. „Verwaltungskultur" darstellen. Denn mit ihr können zugleich moderne Managementinstrumente verbunden werden, was im Zusammenhang mit der Einführung der leistungsorientierten Bezahlung ausdrücklich gewünscht wird.

Im Zentrum steht eine erfolgreiche Kommunikation. Entscheidend ist, dass sich diese nicht auf die Kommunikation zwischen wenigen Mitarbeitern beschränkt. Ziel ist es vielmehr, dass über den Einzelnen hinaus sich auch das Unternehmen bzw. die Verwaltung verbessert und weiterentwickelt, wie es insbesondere bei der Einführung des leistungsorientierten Entgelts in § 18 Abs. 1 TVöD-VKA bzw. Präambel des LeistungsTV-Bund propagiert wird. Aus Sicht der Organisations- und Personalentwicklung ist das „lebenslange Lernen" des Einzelnen (vgl. § 5 TVöD/TV-L/TV-H) und die Fortentwicklung des Unternehmens bis hin zur „lernenden Organisation" unverzichtbar. Auf den Ebenen Unternehmen/Organisation, Aufgabenfeld/Tätigkeiten, Weiterbildung/Qualifikation und Mitarbeiter/Führungskraft müssen grundlegende innovations- und lernfördernde Voraussetzungen geschaffen werden, zum Beispiel durch Problemlösungsgruppen, Qualitätszirkel usw. im Allgemeinen und beispielsweise durch Stellenbewertungskommissionen im Besonderen.

Praxis-Tipp:
Auf diesem Weg wird somit zugleich aktive Personal- und Organisationsentwicklung betrieben, die sich nicht auf eine „aktionistische" und systemlose Einführung von leistungsorientierter Bezahlung beschränkt.

Von derartigen Gedanken wurden offensichtlich auch die Tarifvertragsparteien geleitet, wenn sie im Zusammenhang mit dem leistungsorientierten Entgelt betriebliche bzw. paritätische Kommissionen vorschreiben.

Für die Zusammensetzung und Größe einer Stellenbewertungskommission können keine pauschalen Empfehlungen gegeben werden. Organisatoren und Personaler müssen entsprechend konkreter Verhältnisse vor Ort entscheiden, welches der richtige Weg ist. Eine paritätische Kommission bietet mehr Vorteile, denn bei der Beschränkung auf einen Vertreter der Arbeitnehmerseite werden die Vorzüge der Arbeit in der Gruppe aufgegeben. Es besteht die Gefahr, dass der einzelne Betriebs- bzw. Personalrat gegen andere, ggf. dominierende Mitglieder der Kommission nicht bestehen kann.

Zusammensetzung der Stellenbesetzungskommission

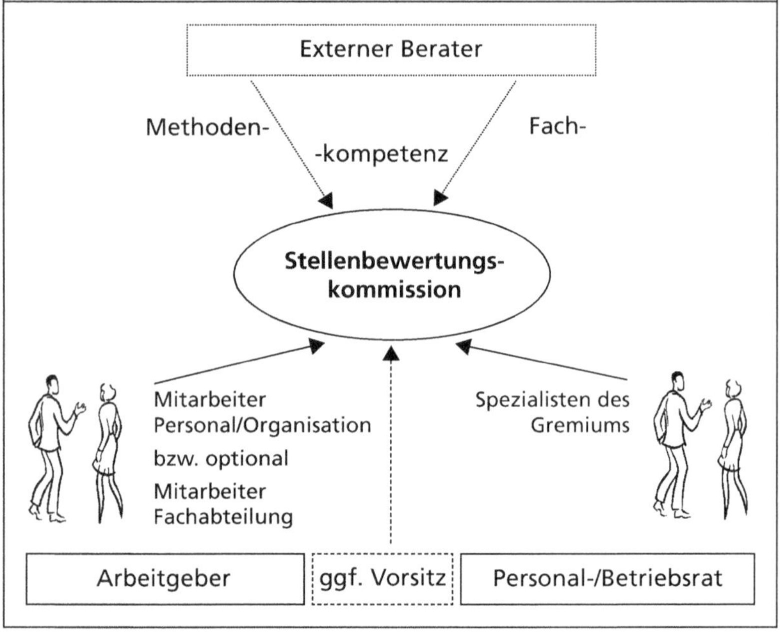

Quelle: IPW – Institut für PersonalWirtschaft GmbH

Paritätisch besetzte Kommissionen können das Problem lösen. Zuweilen neigen Arbeitgeber dazu, auf eine ungerade Zahl zu drängen, „um sich das Letztentscheidungsrecht zu sichern“. Dabei wird außer Acht gelassen, dass die Stellenbewertungskommission gerade keine Entscheidungen treffen kann. Sie wirkt vielmehr über die Methode, das heißt den Weg der Ergebnisfindung. Letztendlich entscheidet der Betriebs- bzw. Personalrat, ob er dem gefundenen Ergebnis seine Zustimmung erteilt. Ein in der Kommission vom Arbeitgeber „durchgedrücktes“ Bewertungsergebnis bietet keine Gewähr, dass die Arbeitnehmervertretung eine gleiche rechtliche Bewertung im Mitbestimmungsverfahren vornimmt.

Die Mitbestimmung der Arbeitnehmervertretung

1. Überblick 114
2. Mitbestimmung bei Eingruppierung 114
3. Stellenbeschreibung und Stelleninterview 119
4. Schulungsanspruch der Arbeitnehmervertretung 124

1. Überblick

Die Beteiligung der Arbeitnehmervertreter ist bei den Fragen Stellenbeschreibung, Stelleninterview und Eingruppierung nicht einheitlich geregelt. Generell ist zu beachten, dass die Beteiligungsrechte der Arbeitnehmervertretung grundsätzlich an (allgemeine) personelle (Einzel-)Maßnahmen anknüpfen. So stellt die Eingruppierung in allen Mitbestimmungsgesetzen einen eigenen Mitbestimmungstatbestand dar.

2. Mitbestimmung bei Eingruppierung

Der Betriebsrat

Unter einer Eingruppierung im Sinne des § 99 Abs. 1 und 2 BetrVG wird die Einordnung des einzelnen Arbeitnehmers in ein kollektives Entgeltschema verstanden (BAG 17.11.2021, 7 ABR 43/19, AP Nr. 173 zu § 99 BetrVG 1972). Zum Teil wird in diesem Zusammenhang auf die „erstmalige" Zuordnung der vertraglich vereinbarten Tätigkeit zu einem kollektiven Entgeltsystem klargestellt. Es wurde aber dargelegt, dass eine mitbestimmungspflichtige Eingruppierung auch dann vorliegt, wenn sich die Arbeitsaufgaben im Verlauf des Arbeitsverhältnisses wesentlich ändern, so dass eine neue Eingruppierung (sog. Umgruppierung) erforderlich wird (vgl. z. B. BAG 29.01.2020, 4 ABR 8/18, AP Nr. 166 zu § 99 BetrVG 1972).

Bei einer Umgruppierung erfolgt eine Änderung der Einreihung in die tarifliche Entgeltgruppenordnung. Es ist unerheblich, ob der Wechsel der Entgeltgruppe nach oben (Höhergruppierung) oder nach unten (Herabgruppierung) erfolgt oder bei geänderten Tätigkeitsmerkmalen (Fallgruppenwechsel) weiterhin das gleiche Arbeitsentgelt erzielt wird (vgl. BAG 06.08.2002, 1 ABR 49/01, AP Nr. 27 zu § 99 BetrVG 1972 Eingruppierung; siehe auch Fitting, § 99, Rn. 86). Entscheidend ist, dass die Tätigkeiten des Arbeitnehmers nicht bzw. nicht mehr den Tätigkeitsmerkmalen der Entgelt- und Fallgruppe entsprechen, in die er bisher eingruppiert war (vgl. BAG 26.10.2004, 1 ABR 37/03, AP Nr. 29 zu § 99 BetrVG 1972 Eingruppierung m. w. N.).

Der Personalrat

Gemäß Bundespersonalvertretungsgesetz (§ 78 Abs. 1 Nr. 4 BPersVG) unterliegt die Eingruppierung der Mitbestimmung. Das gilt entsprechend für das Personalvertretungsrecht der Länder.

Die Rechtsprechung des BAG zum Betriebsverfassungsgesetz und des BVerwG zum Personalvertretungsrecht stimmt grundsätzlich überein: Unter einer Eingruppierung wird die Einordnung des einzelnen Arbeitnehmers in ein kollektives Entgeltschema verstanden (BVerwG 25.06.2008, 6 P 15.08; BVerwG 13.10.2009, 6 P 15.08; BVerwG 22.10.2007, 6 P 1.07, PersV 2008, S. 103). Zum Teil wird in diesem Zusammenhang auf die „erstmalige" Zuordnung der vertraglich vereinbarten Arbeitsleistung zu einem kollektiven Entgeltsystem abgestellt. Es wurde aber klargestellt, dass eine mitbestimmungspflichtige Eingruppierung auch vorliegt, wenn sich die Arbeitsaufgaben im Verlauf des Arbeitsverhältnisses wesentlich ändern, sodass eine neue Eingruppierung erforderlich wird (vgl. BVerwG 08.11.2011, 6 P 23.10, ZTR 2012, S. 123).

Von einer solchen wesentlichen Änderung ist auszugehen, wenn der Arbeitnehmer umgesetzt wird. Umsetzung bedeutet die Zuweisung eines anderen Arbeitsplatzes und damit verbunden den kompletten Wechsel des bisherigen Tätigkeitsbereichs. Eine Umsetzung liegt aber auch vor, wenn es sich beim neuen Arbeitsplatz nicht um einen komplett neuen Tätigkeitsbereich handelt, sich dieser aber so wesentlich vom alten Tätigkeitsbereich unterscheidet, dass er eine grundsätzlich andere Prägung aufweist. Ein wichtiges Indiz für eine solche Änderung ist – bei Beibehaltung der Lohn-/Vergütungs- bzw. Entgeltgruppe – ein Fallgruppenwechsel (BVerwG 08.11.2011, 6 P 23.10, ZTR 2012, S. 123).

Dementsprechend haben das VG Frankfurt a. M. und der Hess. VGH ausgeführt, dass im Rahmen des Mitbestimmungsverfahrens nicht nur die Stellenbeschreibung, sondern auch eine den Grundsätzen des § 22 Abs. 2 BAT entsprechende Begründung der Eingruppierung durch den Arbeitgeber erfolgen muss (VG Frankfurt a. M. 04.10.2011, 23 K 1924/11.F, PersR 2012, S. 29 ff.; Hess. VGH 06.11.2012, 22 A 2203/11. PV; PersR 2013, S. 330 ff.). 7

Wichtig: Im Mitbestimmungsverfahren hat der Betriebs- bzw. Personalrat ein Mitbeurteilungsrecht, ob der Arbeitgeber den „Akt der Rechtsanwendung" richtig vollzieht und die Tarifautomatik richtig anwendet.

Dazu hat das BAG beispielhaft für den Betriebsrat näher ausgeführt:

> **BAG vom 03.05.2006**
>
> Das Mitbestimmungsrecht des Betriebsrats nach § 99 Abs. 1 und 2 BetrVG besteht in den Fällen der Ein- und Umgruppierung in einem Recht auf Mitbeurteilung der Rechtslage. Die korrekte Einreihung des Arbeitnehmers in einer im Betrieb geltenden Vergütungsordnung ist keine ins Ermessen des Arbeitgebers gestellte, rechtsgestaltende Maßnahme, sondern Rechtsanwendung. Die Beteiligung des Betriebsrats nach § 99 BetrVG soll dazu beitragen, dass dabei möglichst zutreffende Ergebnisse erzielt werden. Sie dient der einheitlichen und gleichmäßigen Anwendung der Vergütungsordnung und damit der innerbetrieblichen Lohngerechtigkeit sowie der Transparenz der Vergütungspraxis (...).
>
> (BAG 03.05.2006, 1 ABR 2/03, NZA 2007, S. 47, 49, AP Nr. 31 zu § 99 BetrVG 1972 Eingruppierung)

Landespersonalvertretungsgesetze

Gleiches gilt für die Arbeit des Personalrats:

Der Mitwirkungstatbestand „Der Personalrat hat mitzuwirken (...) bei Arbeitsplatz- und Dienstpostenbewertung" (z. B. gemäß § 81 Abs. 2 HPVG) beschränkt sich auf die Grundsätze der Arbeitsplatz- und Dienstpostenbewertung, nicht aber auf den konkreten Einzelfall.

Bei der Mitbestimmung des Personalrats im Rahmen der Eingrup-
7 pierung handelt es sich nicht um ein Gestaltungs-, sondern ein Beur-
teilungs-/Kontrollrecht:

- Steht die Eingruppierung mit dem TV im Einklang?
- Wird das Tarifgefüge gewahrt?
- Wird der arbeitsrechtliche Gleichbehandlungsgrundsatz eingehalten?
- Werden einzelne Mitarbeiter durch unsachliche Beurteilung im Rahmen bestehender Auslegungsspielräume bevorzugt bzw. benachteiligt?

Für die Unterrichtung des Personalrats reicht die Stellenbeschreibung allein nicht aus. Erforderlich ist darüber hinaus, die Darstellung der auf die einzelnen Arbeitsvorgänge bezogenen Bewertungsüberlegungen des Arbeitgebers gemäß § 22 BAT (Hess. VGH 06.11.2012, 22 A2202/11.PV; Der Personalrat 2013, 299 ff.).

Das Personalvertretungsrecht der Länder ist in 16 Einzelgesetzen geregelt. Dabei enthalten die Personalvertretungsgesetze der Länder im Vergleich zum Bundespersonalvertretungsgesetz neben vielen gleichartigen Beteiligungsrechten zahlreiche Abweichungen und Besonderheiten. Zum Betriebsverfassungsgesetz bestehen zudem strukturelle Unterschiede (zum BetrVG siehe Fitting, § 99 Rn. 104 f; einführend zum Personalvertretungsrecht siehe Altvater/Baden/Baunack, § 75 Rn. 22 ff.).

Übersicht: Beteiligungstatbestände

System	**Eingruppierung**	**Umgruppierung (Höher-/Herabgruppierung)**	**Übertragung höher/niedriger zu bewertender Tätigkeiten**	**Stelleninterview**
BetrVG	Mitbestimmung § 99 Abs. 1	Mitbestimmung § 99 Abs. 1	Mitbestimmung § 99 Abs. 1	Teilnahme § 82 Abs. 2
BPersVG	Mitbestimmung § 78 Abs. 1 Nr. 1	Mitbestimmung § 78 Abs. 1 Nr. 1	Mitbestimmung § 78 Abs. 1 Nr. 3	–
LPVG NRW	Mitbestimmung § 72 Abs. 1 Nr. 4	Mitbestimmung § 72 Abs. 1 Nr. 4	Mitbestimmung § 72 Abs. 1 Nr. 4	ggf. Teilnahme § 65 Abs. 3 Satz 3
LPVG BW	eingeschränkte Mitbestimmung § 75 Abs. 1 Nr. 3	eingeschränkte Mitbestimmung § 75 Abs. 1 Nr. 3	eingeschränkte Mitbestimmung § 75 Abs. 1 Nr. 7a: wenn länger als zwei Monate	–
HPVG	Mitbestimmung § 75 Abs. 2 Nr. 2	Mitbestimmung § 75 Abs. 2 Nr. 2	Mitbestimmung § 75 Abs. 2 Nr. 3	–

7

Übersicht: Beteiligungstatbestände				
System	**Eingruppierung**	**Umgruppierung (Höher-/Herabgruppierung)**	**Übertragung höher/niedriger zu bewertender Tätigkeiten**	**Stelleninterview**
NPersVG	Mitbestimmung § 65 Abs. 2 Nr. 2	Mitbestimmung § 65 Abs. 2 Nr. 2	Mitbestimmung § 65 Abs. 2 Nr. 3, wenn länger als drei Monate	–
SächsPersVG	eingeschränkte Mitbestimmung § 80 Abs. 1 Nr. 1	eingeschränkte Mitbestimmung § 80 Abs. 1 Nr. 3	eingeschränkte Mitbestimmung § 80 Abs. 1 Nr. 3	–

3. Stellenbeschreibung und Stelleninterview

Ein einheitliches Mitbestimmungsrecht bei Stellenbeschreibungen und Stelleninterviews kennt das Arbeitsrecht hingegen nicht. Die Rechtslage ist zudem unterschiedlich, da neben das Betriebsverfassungsgesetz (BetrVG) und das Bundespersonalvertretungsgesetz (BPersVG) 16 weitere Personalvertretungsgesetze der Länder sowie mit dem MVG.EKD und der MAVO zwei Kirchengesetze treten. Gemeinsam ist den Gesetzen, dass sie der Arbeitnehmervertretung ausdrücklich die Aufgabe zuweisen, die Einhaltung von Gesetzen und Tarifverträgen zu überwachen (vgl. § 80 Abs. 1 Nr. 1 BetrVG; § 62 Nr. 2 BPersVG).

Dabei ist zu berücksichtigen, dass Stellenbeschreibungen und Stelleninterviews grundsätzlich keine Auswirkungen auf die Mitarbeiter haben. Stellenbeschreibungen und Stelleninterviews sind somit zunächst keine Maßnahmen im Sinne der genannten Vorschriften.

So stellt sich die Frage, ob beide Instrumente von bestehenden Beteiligungsrechten mit abgedeckt sind:

Der Personalfragebogen

Der Personalfragebogen (§ 94 Abs. 1 BetrVG; § 80 Abs. 1 Nr. 15 BPersVG) ermittelt personenbezogene Daten, wie z. B.:

- allgemeine Fragen nach der Person (z. B. Name und Beschäftigungsdauer)
- persönliche Verhältnisse (z. B. Familienstand)
- beruflicher Werdegang
- fachliche Kenntnisse und sonstige Fähigkeiten

Sie dienen regelmäßig der Feststellung der Eignung eines Bewerbers oder Beschäftigten für bestimmte Aufgaben (Gamisch/Mohr, StB, Kapitel 10.2 m. w. N.).

Demgegenüber beziehen sich Stellenbeschreibungen und Stelleninterviews gerade nicht auf den Arbeitsplatzinhaber, sondern lediglich auf den Inhalt, den Umfang und die Bedeutung der auf einem Arbeitsplatz zu verrichtenden Tätigkeit (vgl. BVerwG 02.08.1989, 6 P 5.88, AP Nr. 3 zu § 79 LPVG BW).

Deshalb sind Erhebungsbögen, die der sachbezogenen Arbeitsplatzbeschreibung dienen sollen, grundsätzlich keine mitbestimmungspflichtigen Personalfragebögen (vgl. Altvater/Baden/Baunack, § 80 Rn. 143 m. w. N. auf die Rechtsprechung). Voraussetzung ist aber, dass keine Rückschlüsse auf das Führungs- und Leistungsverhalten bzw. die Eignung des Stelleninhabers möglich sind. Etwas anderes gilt, wenn im Stelleninterview bzw. in der Stellenbeschreibung personenbezogene Daten des Stelleninhabers aufgenommen werden, wie etwa im BMI-Formular (https://www.bmi.bund.de/RundschreibenDB/DE/2021/RdSchr_20210909.html, Anlage 2).

Es ist umstritten, ob die Mitbestimmung in jedem Fall greift. Die Mitbestimmung entfällt, wenn die Dienststelle eine formularmäßige Zusammenstellung personenbezogener Daten der Beschäftigten vornimmt, die ihr in anderer Form bereits vorliegen (vgl. von Roetteken/Rothländer, Band 2, § 77 Rn. 643; Welkoborsky, § 72 Rn. 128, jeweils m. w. N. auf die Rechtsprechung). Sofern die Stellenbeschreibung Rückschlüsse auf die Eignung des Bewerbers bzw. Mitarbeiters zulässt, liegt ein mitbestimmungspflichtiger Personalfragebogen vor (vgl. von Roetteken/Rothländer, Band 2, § 77 Rn. 645 m. w. N. auf die Rechtsprechung).

Praxis-Tipp:
Werden unabhängig von der Stellenbeschreibung personenbezogene Daten zur Personalentwicklung erhoben (z. B. Berufs-, EDV- oder Sprachkenntnisse), liegt ein mitbestimmungspflichtiger Personalfragebogen vor.

Das Ergebnis gilt entsprechend für Stelleninterviews.

Eingruppierung

Die Stellenbeschreibung sowie die abstrakte Bewertung der Stelle nach Maßgabe dieser Stellenbeschreibung sind keine mitbestimmungspflichtige Eingruppierung (vgl. BAG 17.11.2010, 7 ABR 123/09, NZA 2011, S. 531, ZTR 2011, S. 391 zum BetrVG; BVerwG 05.10.2011, 6 P 19.10, ZTR 2012, S. 56 ff.).

Bei einer Stellenbeschreibung und -bewertung, der keine (Neu-) Eingruppierung folgt, fehlt es damit an einer Auswirkung auf den Mitarbeiter. Deshalb besteht kein Mitbestimmungsrecht unter dem Aspekt der Eingruppierung (vgl. OVG Koblenz 25.11.2015, 5 A 10556/15, öAT 2016, S. 42; Thiel/Fuhrmann/Jüngst, § 35 Rn. 27).

Praxis-Tipp:

Die Arbeitnehmervertretung kann in der Regel ohne Vorlage einer aktuellen Stellenbeschreibung einer entsprechenden personellen Einzelmaßnahme (Eingruppierung, Umgruppierung, Übertragung einer höher oder niedriger zu bewertenden Tätigkeit) im Grunde nicht zustimmen, weil es an der Entscheidungsgrundlage fehlt.

Auswahlrichtlinie

Stellenbeschreibungen sind keine Auswahlrichtlinien. Auswahlrichtlinien stellen vielmehr Grundsätze zur Entscheidungsfindung bei personellen Einzelmaßnahmen dar, wenn für diese mehrere Bewerber und Beschäftigte infrage kommen. Sie definieren zu erfüllende fachliche, persönliche und soziale Voraussetzungen (vgl. Fitting, § 95 Rn. 9 f.). Ein Mitbestimmungsrecht gemäß § 95 BetrVG scheidet deshalb aus (vgl. BAG 14.01.1986, 1 ABR 82/83, AP Nr. 21 zu § 87 BetrVG 1972 Lohngestaltung). Das gilt auch für das Personalvertretungsrecht (vgl. § 80 Abs. 1 Nr. 12 BPersVG; siehe Altvater/Berg/Baunack, § 80 Rn. 111 ff.).

Betriebliche Lohngestaltung

Ebenso scheidet das Mitbestimmungsrecht der betrieblichen Lohngestaltung aus (§ 87 Abs. 1 Nr. 10 BetrVG; § 80 Abs. 1 Nr. 21 BPersVG), denn die Beschreibung einer Tätigkeit wird erst dann Teil der betrieblichen Lohngestaltung, wenn zwischen der Stellenbeschreibung und der Entlohnung eine Verbindung hergestellt wird. Daran fehlt es sowohl im Fall von Stellen- als auch von Funktionsbeschreibungen (BAG 14.01.1986, 1 ABR 82/83, AP Nr. 21 zu § 87 BetrVG 1972 Lohngestaltung).

Personalplanung

Die Personalplanung umfasst jede Planung, die sich auf den gegenwärtigen und künftigen Personalbedarf in quantitativer und qualitativer Sicht, auf dessen Deckung und auf den abstrakten Einsatz der personellen Kapazität bezieht. Personalplanung umfasst also die Planung des Personalbedarfs, der -beschaffung, des -einsatzes sowie der -entwicklung (vgl. BAG 23.03.2010, 1 ABR 81/08, AP Nr. 72

zu § 80 BetrVG 1972, NZA 2011, S. 811; zum Personalvertretungsrecht BVerwG 23.01.2002, 6 P 5.01, PersR 2002, S. 201).

Stellenbeschreibungen sind Gegenstand der Personalplanung, weil sie die Funktion eines Arbeitsplatzes innerhalb des betrieblichen Geschehens festlegen (vgl. BAG 31.01.1984, 1 ABR 63/81, AP Nr. 3 zu § 95 BetrVG 1972; BAG 14.01.2014, 1 ABR 49/12, AP Nr. 10 zu § 94 BetrVG 1972).

Das Betriebsverfassungsgesetz sieht in § 92 eine Unterrichtungs- und Beratungsfunktion vor, die auch die Stellenbeschreibung umfasst (vgl. BAG 14.01.2014, 1 ABR 49/12, AP Nr. 10 zu § 94 BetrVG 1972). Die Stellenbeschreibung dient dabei aber als Basis für die Unterrichtung über den Personal-Ist-Bestand, da der Arbeitgeber die Unterrichtung anhand derjenigen Unterlagen durchzuführen hat, die er selbst für die Planung verwendet, nicht als Planungsgegenstand selbst (vgl. Fitting, § 92 Rn. 31). Das Bundespersonalvertretungsgesetz sieht in § 87 Abs. 1 BPersVG ein Anhörungsrecht und eine dem vorausgehende Unterrichtung unter Vorlage der erforderlichen Unterlagen vor (Altvater/Baden/Baunack, § 87 Rn. 10 ff.). Auf die obigen Ausführungen zum Betriebsverfassungsgesetz kann daher verwiesen werden, sie treffen auch für das Bundespersonalvertretungsgesetz zu.

Mitbestimmungspflichtige Arbeitsmittel

7

Zu beachten ist, dass der Einsatz von Informations- und Kommunikationstechnik, die objektiv zur Überwachung von Leistung und Verhalten des Mitarbeiters eingesetzt werden kann, mitbestimmungspflichtig ist (§ 87 Abs. 1 Nr. 6 BetrVG; § 80 Abs. 1 Nr. 21 BPersVG).

So kommt auch das BAG in seiner aktuellen Rechtsprechung zu dem Ergebnis, dass praktisch alle EDV-Programme, die arbeitnehmerbezogene Verhaltens- bzw. Leistungsdaten erfassen und speichern können, das Mitbestimmungsrecht des § 87 Abs. 1 Nr. 6 BetrVG auslösen (vgl. BAG 23.10.2018, 1 ABN 36/18, AP Nr. 50 zu § 87 BetrVG 1975 Überwachung).

Leistungsdaten erhebt die Stellenbeschreibung in Form der Zeitanteile; per Diktiergerät aufgenommene Stelleninterviews dokumentieren das Verhalten des Mitarbeiters zumindest punktuell, für die Dauer des Stelleninterviews.

Das Stelleninterview und die Rechte des Mitarbeiters

Es ist ratsam, den Mitarbeiter über ein bevorstehendes Stelleninterview zu informieren und ihm ausreichende Gelegenheit zur Vorbereitung zu geben (siehe Gamisch/Mohr, StB, Kapitel 4.3). Dann taucht die Frage auf, ob der Mitarbeiter einen Anspruch darauf hat, dass ein Mitglied der Arbeitnehmervertretung an dem Stelleninterview teilnimmt.

Dementsprechend ist es allgemein anerkannt, dass Mitglieder des Gremiums Arbeitnehmer am Arbeitsplatz aufsuchen dürfen, um ihre Eingruppierung zu überprüfen (vgl. BAG 17.01.1989, 1 AZR 805/87, AP Nr. 1 zu § 2 LPVG NW). Nach Ansicht des BVerwG ist allerdings das Einvernehmen mit der Dienststellenleitung herzustellen (vgl. BVerwG 09.03.1990, 6 P 15.88, PersR 1990, S. 177; siehe auch Altvater/Baden/Baunack, § 66 Rn. 22 ff. m. w. N.).

Des Weiteren kann der Arbeitnehmer im Geltungsbereich des Betriebsverfassungsgesetzes gemäß § 82 Abs. 2 BetrVG verlangen, „dass ihm die Berechnung und Zusammensetzung seines Arbeitsentgelts erläutert und dass ihm die Beurteilung seiner Leistungen sowie die Möglichkeiten seiner beruflichen Entwicklung im Betrieb erläutert werden“, wobei er ein Mitglied des Betriebsrats hinzuziehen kann.

Zu der Frage, ob § 82 Abs. 2 BetrVG auch für das Stelleninterview von Bedeutung ist, gab es bislang keine Rechtsprechung.

Wichtig: Das Bundesarbeitsgericht hat für das Entgeltrahmenabkommen für die Metall- und Elektroindustrie NRW (ERA), das mit den Tarifverträgen des öffentlichen Dienstes durchaus vergleichbar ist, entschieden, dass aus dieser Vorschrift ein Teilnahmerecht des Betriebsrats bei Stelleninterviews folgt (vgl. BAG 20.04.2010, 1 ABR 85/08, NZA 2010, S. 1307, AP Nr. 4 zu § 82 BetrVG 1972).

BAG vom 20.04.2010

(...) Der Arbeitnehmer kann eine Erläuterung der Berechnung und Zusammensetzung des Arbeitsentgelts im Sinne des § 82 Abs. 2 Satz 1 1. Alt. BetrVG grundsätzlich erst verlangen, wenn der Arbeitgeber dessen Tätigkeit einer tariflichen Vergütungsgruppe zugeordnet hat. Vor diesem Zeitpunkt fehlt es an einer Eingruppierungsentscheidung des Arbeitgebers, deren Inhalt dem Arbeitnehmer erläutert werden könnte. Der Wortlaut und der Normzweck der Vorschrift schließen es aber nicht aus, dass der Arbeitnehmer eine Erläuterung über die auszuübende Tätigkeit bereits im Vorfeld einer anstehenden Eingruppierungsentscheidung verlangen kann. Bei der Festlegung der Tätigkeitsinhalte handelt es sich um einen

> eigenständigen Verfahrensabschnitt im Rahmen der Zuordnungsentscheidung des Arbeitgebers. **Ein Gespräch über eine vom Arbeitgeber erstellte Tätigkeitsbeschreibung ermöglicht es dem Arbeitnehmer, seine unterschiedliche Sichtweise über den Inhalt der ihm übertragenen Aufgaben vor deren Bewertung durch den Arbeitgeber geltend zu machen.** Eine hierüber geführte Aussprache kann dazu beitragen, dass der Arbeitgeber die Zuordnungsentscheidung auf einer zutreffenden tatsächlichen Grundlage vornimmt.
>
> (*Hervorhebungen durch die Verfasser*)

Ob diese Rechtsprechung auch für das Personal- und Mitarbeitervertretungsrecht gilt, ist fraglich, da das Personal- und Mitarbeitervertretungsrecht im öffentlichen und kirchlichen Dienst eine derartige Regelung nicht kennt. Die Arbeitnehmervertretung muss aber umfassend über Inhalt, Form und Verfahren der Stelleninterviews informiert werden. Dieser Unterrichtungsanspruch ergibt sich aus dem allgemeinen Informationsanspruch (vgl. § 80 Abs. 2 BetrVG; § 66 Abs. 1 BPersVG).

4. Schulungsanspruch der Arbeitnehmervertretung

Grundvoraussetzung für die Wahrnehmung der Beteiligungsrechte ist, dass Arbeitnehmervertreter und Personalverantwortliche vergleichbare Kenntnisse des Eingruppierungsrechts haben.

7

Praxis-Tipp:

Ein „asymmetrischer Wissensstand" der Beteiligten macht eine konstruktive Zusammenarbeit unmöglich.

In diesem Zusammenhang ist darauf hinzuweisen, dass die Arbeitnehmervertretung einen Schulungsanspruch hinsichtlich des Eingruppierungsrechts hat (vgl. § 37 Abs. 6 BetrVG; § 54 BPersVG). Das gilt für Seminare zur Stellenbeschreibung entsprechend. Je nach Ausgestaltung der Schulung kann es sich um Grund- oder Spezialschulungen handeln (BVerwG 14.06.2006, 6 P 13.05, Rn. 16, 22, zit. nach https://www.bverwg.de/de/140606B6P13.05.0; BVerwG 10.04.2019, 5 PB 21/18, Rn. 9 ff., zit. nach https://www.bverwg.de/de/100419B5PB21.18.0). Handelt es sich um Spezialschulungen, hat nicht jedes, sondern nur die im Gremium für diese Aufgabe zuständigen

Mitglieder einen Anspruch (OVG NRW 19.04.2021, 20 A 78/19.PVL, zit. nach WKRS 2021, 19208).

Zulässige Schulungsthemen sind:

- Stellenbewertung und Eingruppierung nach der Entgeltordnung TVöD-VKA (Dauer: 4 Tage)

  (OVG NRW 19.04.2021, 20 A 781/19.PVL, zit. nach WKRS 2021, 19208)

- Nachweisgesetz (½ Tag)

  (ArbG Frankfurt/Main 29.04.1998, 9 BV 233/97, AiB 1998, S. 703)

- Personalplanung und Arbeitsorganisation

  (Nds. OVG 18.03.1992, 17 L 10/90, PersV 1994, S. 25)

- Gesprächs-, Diskussions-, Verhandlungsführung sowie Sprach- und Argumentationstechnik (z. B. für Stelleninterviews, für die Stellenbewertungskommission)

  (vgl. BAG 12.01.2011, 7 ABR 94/09, AP Nr. 150 zu § 37 BetrVG)

Schon im eigenen Interesse sollte der Arbeitgeber nicht an der Schulung der Arbeitnehmervertretung sparen.

Arbeitshilfen

Muster: Stellenbeschreibungsformular 128
Überprüfung vorhandener Stellenbeschreibungen 131

8

Muster: Stellenbeschreibungsformular

Unternehmen/Dienststelle

Stellenbeschreibung

1. **Organisatorische Eingliederung der Stelle**

1.1 Organisationseinheit: ____________________

(Fachbereich/Abteilung/Team)

1.2 Stellenbezeichnung: ____________________

1.3 Stellennummer: ____________________

1.4 Unterstellung:

1.4.1 fachlich: ____________________

1.4.2 disziplinarisch: ____________________

(Angabe der unmittelbar vorgesetzten Stelle/n)

1.5 Überstellung: *(Angabe der ständig unmittelbar unterstellten Stellen)*

fachlich	*disziplinarisch*	*Anzahl*	*Stellenanteil*	*Stellenbezeichnung*	*Stellennummer*

1.6 Stellvertretung

1.6.1 Aktive Stellvertretung *(= der Stelleninhaber vertritt)*:

a) ständig / b) in Abwesenheit	*Stellenbezeichnung*	*Stellen-nummer*	*Vertretungsbereiche (Eintragen der lfd. Nr. gem. 4. Tätigkeitsbeschreibung)*

1.6.2 Passive Stellvertretung *(= der Stelleninhaber wird vertreten durch)*:

a) ständig / b) in Abwesenheit	*Stellenbezeichnung*	*Stellen-nummer*	*Vertretungsbereiche (Eintragen der lfd. Nr. gem. 4. Tätigkeitsbeschreibung)*

8

2. **Arbeitszeit/Beschäftigungsumfang der Stelle**

☐ Vollzeit ☐ Teilzeit mit ☐ ____ % Anteil Vollzeit

☐ ____ Wochenstunden

3. **Ziel(e) der Stelle**

(Angabe der zu erreichenden Ziele/Arbeitsergebnisse)

Die männliche Sprachform erfasst alle Geschlechter (männlich, weiblich, divers) gleichermaßen.

Seite 2 – Stellenbeschreibung: <Stellenbezeichnung>, Stellennummer: < Stellennummer >

4. Tätigkeitsbeschreibung

Lfd. Nr.	**a)** Beschreibung der Arbeitsvorgänge gem. § 12 TV-L/TVöD *(Angabe der wesentlichen inhaltlichen Arbeitsschritte zur Zielerreichung)* **b)** einzusetzende Kenntnisse und Vorschriften *(mit Angabe der Paragraphen/Abschnitte etc. bei Gesetzen, Verordnungen, internen Richtlinien, etc.)*	**Zeit-anteil in %**
4.1	**a)** **b)**	
4.2	**a)** **b)**	
4.3	**a)** **b)**	
4.4	**a)** **b)**	

5. Befugnisse

5.1 Unterschrifts- und Feststellungsbefugnisse:

(Unterschriftsberechtigungen nach innen [wie z. B. Zeichnung der fachtechnischen und sachlichen Richtigkeit] und außen [wie z. B. Handlungsvollmacht, Prokura])

5.2 Entscheidungsbefugnisse:

(Fällen von Sachentscheidungen durch Ausfüllen von Ermessens-, Beurteilungs-, Gestaltungsspielräumen)

5.3 Weisungsbefugnisse:

(Rechte zur Bestimmung des Verhaltens und Handelns anderer Stellen; ggü. den gem. 1.5 zugeordneten Stellen bzw. im Einzelfall)

Die männliche Sprachform erfasst alle Geschlechter (männlich, weiblich, divers) gleichermaßen.

Seite 3 – Stellenbeschreibung: <Stellenbezeichnung>, Stellennummer: < Stellennummer >

6. **Erforderliche berufliche Qualifikation(en) und Erfahrung(en)**
(berufsbildender Abschluss, Prüfungen, mehr-/langjährige Berufserfahrung)

bzw. vergleichbare Kenntnisse/Fähigkeiten und Erfahrungen

7. **Personalwirtschaftliche Angaben**

7.1 ☐ Erstellt (Erstfassung-Version 1) / ☐ Geänderte Fassung, Version: ____
Datum: Ort, den ______ von: ______________________
(zuständiger Mitarbeiter der Personalabteilung)

7.2 In-Kraft-Treten:
Datum: Ort, den ______ Unterschrift: ______________________
(Personalleitung)

____
(Dienststellen-/Unternehmensleitung)

7.3 Kenntnisnahme des Stelleninhabers:
Ich habe die von mir regelmäßig auszuübenden Tätigkeiten gemäß vorliegender Stellenbeschreibung zur Kenntnis genommen. Darüber hinaus sind die weiterführenden Informationen des Vorgesetzten zu beachten.
Mir ist darüber hinaus bekannt, dass ich verpflichtet bin, relevante Informationen dem zuständigen Vorgesetzten rechtzeitig und der Situation angemessen weiterzugeben und auf Weisung des Vorgesetzten Einzelaufträge auszuführen, die dem Wesen nach zu meinem Tätigkeitsgebiet gehören oder sich aus der dienstlichen/betrieblichen Notwendigkeit ergeben.
Datum: Ort, den ______ Unterschrift: ______________________
(Stelleninhaber)

7.4 Kenntnisnahme der vorgesetzten Stelle/n (siehe 1.4):
Datum: Ort, den ______ Unterschrift: ______________________
(zu 1.4.1)

____
(zu 1.4.2)

7.5 Gefährdungsbeurteilung zum Arbeitsplatz
☒ durchgeführt (s. Anhang)

Die männliche Sprachform erfasst alle Geschlechter (männlich, weiblich, divers) gleichermaßen.

Überprüfung vorhandener Stellenbeschreibungen

Checkliste: Überprüfung vorhandener Stellenbeschreibungen

1. Organisationseinheit: Ist die offizielle Bezeichnung (vollständig) angegeben?
2. Stellenbezeichnung: Lässt sie Rückschlüsse auf den Rang und die (Haupt-)Aufgabe der Stelle zu?
3. Stellennummer: Ist sie (vollständig) angegeben?
4. Unterstellungsverhältnisse: Wird deutlich, wer Fach- und Disziplinarvorgesetzter ist?
5. Überstellungsverhältnisse: Liegen alle erforderlichen Angaben (Anzahl, Stellenanteil, Stellenbezeichnung, Stellennummer) vor?
6. Stellvertretung: Handelt es sich bei den angegebenen Vertretungsregelungen um offizielle? Liegen alle erforderlichen Detailinformationen (ständige Vertretung/Abwesenheitsvertretung, Stellenbezeichnung(en), Stellennummer(n), Vertretungsbereiche) vor?
7. Ziel(e) der Stelle: Sind sie nachvollziehbar formuliert? Stimmen Anzahl der Ziele und Anzahl der Arbeitsvorgänge/Tätigkeiten überein?
8. Tätigkeitsbeschreibung: Sind die einzelnen Aufgaben sachgerecht nach Arbeitsvorgängen bzw. Tätigkeiten im Sinne der geltenden tariflichen Regelungen gegliedert? Sind die Arbeitsvorgänge bzw. Tätigkeiten mit ihren wesentlichen inhaltlichen Arbeitsschritten bis hin zum Arbeitsergebnis allgemein verständlich und wertfrei beschrieben? Ermöglicht die Darstellung der Arbeitsschritte eine tarifliche Bewertung? Können die Kenntnisse den Tätigkeiten nachvollziehbar zugeordnet werden? Sind die einzusetzenden Kenntnisse und Vorschriften so konkret, dass sie einer tariflichen Bewertung zugänglich sind?
9. Befugnisse: Finden sich entsprechende Verweise in der Tätigkeitsbeschreibung wieder? Stimmen diese in Abgrenzung zu Kollegen und Vorgesetzten?

10. Erforderliche berufliche Qualifikation(en) und Erfahrung(en): Sind die Angaben im Vergleich zu den übertragenen Aufgaben und Befugnissen und anhand der einschlägigen Berufsbilder (Ausbildungs- und Prüfungsanforderungen) nachvollziehbar und begründbar?

Literaturverzeichnis

Altvater, L./Baden, E./Baunack, S.: Bundespersonalvertretungsgesetz, Frankfurt/Main 2023

Breier, A./Dassau, A./Faber, B./Hoffmann, M.: TVöD Eingruppierung in der Praxis, Heidelberg/München, Stand: Mai 2023

Clemens, H./Scheuring, O./Steingen, W.: Kommentar zum Tarifvertrag für den öffentlichen Dienst der Länder (TV-L), Stuttgart/München/Hannover/Berlin/Weimar/Dresden, Stand: Oktober 2016

Fey, D.: Analytische Bewertung geistiger Arbeit nach dem Vergütungsrecht des Bundesangestelltentarifvertrages und den kirchlichen Anstellungsordnungen vergleichbaren Inhalts, ZMV 1997, S. 226

Fieg, W./Rothländer, C.: Das ver.di-Modell einer Entgeltordnung zum TVöD und zum TV-L, ZTR 2008, S. 410–420

Fitting, K.: Betriebsverfassungsgesetz, München 2022

Gamisch, A.: Die neue Entgeltordnung erfolgreich vorbereiten, Köln 2016 (zit. als NEO)

Gamisch, A./Mohr, T.: Das gesamte Eingruppierungsrecht, Regensburg, Februar 2025 (zit. als gEG)

Gamisch, A./Mohr, T.: Das Stelleninterview zur Eingruppierung, Regensburg 2022 (zit. als StI)

Gamisch, A./Mohr, T.: Eingruppierung Tarifvertrag Versorgung, Regensburg 2024 (zit. als EG TV-V)

Gamisch, A./Mohr, T.: Eingruppierung TVöD-Bund in der Praxis, Regensburg 2024 (zit. als EG TVöD-Bund)

Gamisch, A./Mohr, T.: Eingruppierung TVöD-VKA in der Praxis, Regensburg 2024 (zit. als EG TVöD-VKA)

Gamisch, A./Mohr, T.: Eingruppierung TV-L in der Praxis, Regensburg 2024 (zit. als EG TV-L)

Gamisch, A./Mohr, T.: Kommunaler Sozial- und Erziehungsdienst, Regensburg 2023 (zit. als SuE)

Gamisch, A./Mohr, T.: Stellenbeschreibung für den öffentlichen und kirchlichen Dienst, Regensburg 2025 (zit. als StB)

Günther, S.: Die gute alte Entgeltordnung im öffentlichen Dienst – Teil I: Das Dilemma rund um den Arbeitsvorgang, ZTR 2024, S. 296 ff.

Reidelbach, D./Wieland, M./Fattler, N.: Tarifrecht im öffentlichen Dienst, Eingruppierung von A–Z, Köln, Stand: Dezember 2024

Richter, A./Gamisch, A.: Am Anfang steht der Arbeitsvorgang – Systematisierung und aktuelle Rechtsprechung, RiA 2008, S. 145–154

Richter, A./Gamisch, A.: Zeitanteile im Tarifrecht – ihre Ermittlung und Relevanz für die Eingruppierung, RiA 2008, S. 241–248

Schaub, G.: Arbeitsrechts-Handbuch, München 2021

Schlusen, R./Fellenberg, K./Hüsgen, S.: Tarifvertrag Versorgungsbetriebe, Praxishandbuch zur Einführung und Anwendung des TV-V, Köln, Stand: Dezember 2024

Scholz, C.: Personalmanagement, München 2014

Steinherr, F.: Auszuübende Tätigkeit, Eingruppierung und Direktionsrecht – eine Bestandsaufnahme der Rechtsprechung des BAG, ZTR 2005, S. 303–310

Thies, H./Kornprobst, S.: Die Rettung des Arbeitsvorgangs im TVöD/TV-L – Facelifting oder großer Eingriff?, ZTR 2021, S. 51–60

Stichwortverzeichnis

Arbeitnehmervertretung 114
Arbeitsbewertung 29
Arbeitsergebnis 48
Arbeitsleistung 31, 41, 44, 90, 115
Arbeitsschritte 41, 82
Arbeitstagebuch 83
Arbeitsvertrag 32, 108
Arbeitsvorgang
- Anzahl 52
- Arbeiterbereich 72
- Arbeitsschritt 43
- Arbeitsschritte 83
- Atomisierungsverbot 41, 42, 44, 60
- Bildung 36, 48
- Definition 36, 39, 40, 44
- Funktionscharakter 60
- Funktionsmerkmal 58
- großer 60, 66
- tarifliche Bewertung 52
- Trennung 64
- Zeitaufwand 82
Arbeitswert, Bestimmung 28
Aufbaumerkmal, Defintion 30
Aufspaltungsverbot 44
Ausbildung 32
Auswahlrichtlinie 121
Auszuübende Tätigkeit 24

Beispielstätigkeiten 58
Betriebliche Lohngestaltung 121
Betriebsrat
- Mitbestimmung 114
- Schulungsanspruch 124
Bewertungsverfahren
- analytisches 31
- summarisches 28

Direktionsrecht 42, 90

Eingruppierung
- Definition 14
- Ermittlung 24, 100, 109
- Feststellung 21
- Grundlagen TV-L 18
- Grundlagen TVöD-Bund 19
- Grundlagen TVöD-VKA 16
- Mitbestimmung 114, 120
- Schulungsanspruch 124
- Unerheblichkeit 32
- Zeitanteile 86, 91

Funktionscharakter 49, 60
Funktionsmerkmal 58

Grundsatz der Tarifautomatik 24, 37

Heraushebungsmerkmal 31

Laufzettelverfahren 82, 84, 85
Leitung(stätigkeiten) 54, 55, 60

Mischtätigkeiten 93, 97, 98
Mitbestimmung 110, 114
- Arbeitsmittel 122
- Auswahlrichtlinie 121
- betriebliche Lohngestaltung 121
- Eingruppierung 110, 114
- Personalplanung 121
- Stellenbeschreibung 119
- Stellenbewertungskommission 110

– Stelleninterview 119
Multimomentaufnahme 82, 84

Personal(bedarfs)planung 125
Personalfragebogen 119, 120
Personalplanung 121
Personalrat
– Mitbestimmung 115
– Schulungsanspruch 124

Schätzung 82
Selbstaufschreibung 82, 83
Spezialitätsgrundsatz 97
Stellenbeschreibung 36, 38, 41, 44, 90, 100, 109, 120, 121
– Einbindung Mitarbeiter 103
– Erstellung 102
– Erstellung durch Führungskräfte 104
– Musterformular 131
– Überprüfung vorhandener 131
– Zweck 100

Stellenbewertung 29, 93, 121, 125
– Definition 29
Stellenbewertungskommission 32, 109, 111
Stelleninterview 101, 103
– Rechte des Mitarbeiters 123

Tarifautomatik 24, 37
Teiltätigkeit 46
Training und Coaching 108

Überstellung 131
Überstellungsverhältnisse 33
Unterstellung 131
Unterstellungsverhältnisse 33

Zeitanteile 82, 85, 91, 93
Zusammenfassende Betrachtung 93, 94, 95
Zusammenhangsarbeiten/-tätigkeiten 38, 42, 55